朱虹 龙溪虎 著

科学巨星

宋应星画传

KEXUE JUXING

SONG YINGXING HUAZHUAN

天津出版传媒集团

天津科学技术出版社

图书在版编目(CIP)数据

科学巨星：宋应星画传 / 朱虹, 龙溪虎著.
天津：天津科学技术出版社, 2025.8. -- ISBN 978-7
-5742-2747-7

Ⅰ. K826.1-64
中国国家版本馆CIP数据核字第2025TY7959号

科学巨星：宋应星画传
KEXUE JUXING : SONG YINGXING HUAZHUAN

责任编辑：	胡艳杰　吴丹丹
责任印制：	刘　彤
出　　版：	天津出版传媒集团 天津科学技术出版社
地　　址：	天津市西康路35号
邮　　编：	300051
电　　话：	(022)23332695
网　　址：	www.tjkjcbs.com.cn
发　　行：	新华书店经销
印　　刷：	北京捷迅佳彩印刷有限公司

开本 710×1000　1/16　印张 12.75　字数 100 000
2025年8月第1版第1次印刷
定价：88.00元

序 言

赣文化脱胎于上古时代的百越文化、吴楚文化，在漫长的岁月里不断传承、衍化，发展为独特的江西本土文化，并在两宋时期登上顶峰。煌煌千年的赣文化在不同领域都孕育出了许多惠及后世的文化巨人，其中，宋应星无疑是科技领域的第一人。

宋应星（1587—约1666），字长庚，江西省南昌府奉新县（今宜春市奉新县）人，明末清初科学家、思想家。他一生致力于农业、手工业生产的考察与研究，驰骋于自然科学和人文科学两大领域，才大学博，勤于著述，其科技成就和深刻思想在当时处于世界领先地位。2021年5月24日，国际天文学联合会公布，批准了我国提议在嫦娥五号（月球探测器）降落地点附近的八个月球地貌的命名申请，"宋应星"为其中之一。

我国有着悠久的科技史和丰富的科技遗产，

这些卓越的技术发明和科学发现,为人类的进步与发展做出了突出的贡献。历代优秀的科学家、发明家在汲取前人科技成果的基础上,通过他们创造性的劳动,使古代科技得以系统总结概括和提高,从而推动了社会发展。诚然,古代科技的产生和发展受到社会生产条件的制约,但从事工农业生产的劳动人民,始终是推动生产力和科技进步的关键力量。同时,也不可否认科学家的历史作用,没有他们的努力,科技、文化便得不到继承和发展,社会生产力的进步也会受到一定的限制。宋应星便是我国古代著名的科学家之一,其在1637年(崇祯十年)出版的《天工开物》驰名中外,是我国古代具有代表性的科技典籍,也是一部世界科学名著。它系统总结了我国明代及其之前的农、工、虞、兵等方面的科技成就,内容丰富、条理清晰、文字精练、插画隽永,几百年来,深受国内外读者的认可与好评,宋应星的科学成就也由此获得国际学术界的高度评价。

　　宋应星还是一位独具见解的思想家,撰写了

许多人文科学方面的著作，如创作于1636年（崇祯九年）的《野议》《思怜诗》，创作于1637年的《论气》《谈天》等。其思想主要包括以下十个方面：一是科学思想，批判迷信、重视试验、创立新学说；二是自然思想，提出了形气转化论、朴素的物质守恒论和批判迷信论；三是哲学思想，强调人类对自然界具有主观能动性和受动性；四是经济思想，主张以农为本、通商惠民、反对高利贷和土地兼并；五是技术思想，认为技术是创造财富的基本，技术又来自实践；六是军事思想，认为军队要做到自给自足，从敌方取得粮草为上策，强调打胜仗的关键在于将军；七是教育思想，批判科举舞弊，倡导实学，要求文人知行合一；八是社会思想，主张关心国家大事，认为剥削是国家动乱的根源，要减轻商税、增加商品、厚农资商、厚商利农；九是美学思想，把自然界作为审美对象，重视人格美和天人合一；十是人生思想，主张轻名利、敢创新和多贡献。

可见，宋应星这样一位著名的科学家、思想

家及其代表作，是很值得进行研究和介绍的，这也是整理、继承中华优秀传统文化遗产的一部分。目前关于宋应星的研究虽比较多，但至少在以下几方面还有可深入挖掘的内容：第一，宋应星的生平史料有待深入挖掘、搜集，尤其是其晚年的史料。第二，《天工开物》中对手工业、矿冶业有所涉及，但是不够深入，还应搜集、梳理相关史料，进行深入研究，以揭示明代及其之前我国手工业、矿冶业的发展情况。第三，宋应星对衣食之源的农业特别重视，特别将该部分内容放在《天工开物》的最前面，要从农史的视角出发深入探讨宋应星对明代及其之前农业技术的介绍。第四，宋应星至少有十部著作，留存于世的除了《天工开物》，还有《野议》《论气》《谈天》《思怜诗》，要从哲学的视角出发去研究这几部著作，以加深对宋应星思想的理解和认识。第五，从20世纪70年代江西学者发现宋应星遗著以来，越来越多被忽视的古代科学家及其遗著被逐渐从宋应星遗著中挖掘出来，应当进行深入研究。第六，《天工开物》所彰显出来的家国情怀、务实作风、创新品格、工匠精神与和谐理念，对建设中国式现代化具有很强的现实意义，应当对其发扬光大。

习近平总书记指出，"我们要善于把弘扬优秀传统文化和发展现实文化有机统一起来，紧密结合起来，在继承中发展，在发展中继承。""要挖掘中华优秀传统文化的思想观念、人文精神、道德规范，把艺术创造力和中华文化价值融合起来，把中华美学精神和当代审美追求结合起来，激活中华文化生命力。"对待中华优秀传统文化，要挖掘其思想观念和人文精神，在继承中发展，在发展中继承，既要防止否定一切，又要防止肯定一切的两种偏向；要以实事求是的科学态度和批判精神，合理吸收中华优秀传统文化中的精华，使其在当前的改革、开放和现代化建设中发挥积极的促进作用。对于宋应星及其著作而言，我们也应以实事求是、一分为二的科学态度对待，其既有积极的一面，又有消极的一面，当然，其积极因素是主流，正因为如此，宋应星及其著作才在今天仍然受到推崇。对于其积极探索自然奥秘的科学求真精神和用先进科技促进生产力发展的务实作风，要发扬光大，以助推中国式现代化建设。

本书共分十个部分，即序言、第一章至第八章和尾声。序言介绍成书原因和研究目的；第一章介绍宋应星生活的时代背景；第二章介绍其家世；第三章介绍其求学生涯；第四章介绍其从政经历；第五章介绍其政治、经济、军事等改良思想；第六章介绍《天工开物》中农业、制衣等方面的内容；第七章介绍《天工开物》中矿冶业、文具业、交通运输业、兵器制造业方面内容；第八章介绍宋应星的国际影响力；尾声介绍宋应星的晚年归隐岁月和历史地位。

本书在写作过程中，得到了江西工程学院天工文化研究院、新余市宣传部与社科联、江西奉新县宋应星纪念馆等单位的大力支持，或提供了资料，或提出了建议，在此一并表示感谢！

目 录

扫码收听
本书音频

一 / 新旧转型 实学繁荣

时代发展 资本萌芽 / 003

科学复兴 思想启蒙 / 011

西学东渐 实学繁荣 / 017

二 / 官宦世家 书香门第

高祖起家 曾祖卿相 / 025

突遭变故 家道中落 / 031

崇文重教 甲第世家 / 038

三 / 勤奋博学 志在科技

私塾八载 敏而好学 / 045

县学附生 博览群书 / 049

科场坎坷 志在科技 / 054

四 / 辗转宦场 政绩斐然

分宜教谕 振兴士风 / 063

汀州两载 辞官践约 / 070

亳州知州 恢复生机 / 075

五 / 心忧天下 治国良方

吏政学政 均需变法 / 083

民穷财尽 开源节流 / 088

练兵筹饷 改良军政 / 094

六 / 衣食之源 养农利工

乃粒粹精 民食为天 / 105

膏液盐糖 日常必需 / 114

乃服彰施 匠心凝就 / 124

七 / 古法技术 独具匠心

火工工艺　五金日用 / 137

杀青丹青　文房之宝 / 142

舟车佳兵　交通国防 / 148

八 / 经世流传 泽被世界

东渡扶桑　开物显学 / 161

传入朝鲜　学界推崇 / 167

轰动欧美　影响深远 / 173

尾声

一

新旧转型 实学繁荣

在浩渺的中华历史长河中,每个时代都有其独特的文化瑰宝和杰出的科学家。明代作为中华历史上一个重要的朝代,其在繁荣与转型的历程中孕育了无数杰出的学者和科学家。

时代发展　资本萌芽

宋应星，作为明末杰出的科学家，他所处的时代正在经历深刻变革——科技、经济、文化均在这一时期呈现繁荣的态势，多种因素综合起来直接推动了资本主义萌芽的出现与发展。宋应星正是在这一时代背景下，凭借着自己的智慧和勤奋，不断探索和创新，为中国古代科学的发展做出了杰出的贡献。

商品经济繁荣　明朝开国之初，奉行"重农抑商"政策，商业活动在一定程度上受到限制。慢慢地，随着经济复苏与发展，商品之间的交流愈发频繁，商业税缴纳比例慢慢上升，商业活动正以一个全新的面貌得到重视；尤其明代中后期，政策导向发生了明显变化。从"重农抑商"转变为"工商皆本"，这一价值观念的转变意味着商业经济的重要性得到了前所未有的认可。在这样的政策导向下，商业活动得以更加自由地发展，商品经济迎来了一个

科学巨星 宋应星画传
KEXUE JUXING SONG YINGXING HUAZHUAN

全新的繁荣时期。这种转变不仅促进了商品经济的快速发展，还为资本主义萌芽提供了肥沃的土壤，商业活动的繁荣也促进了城市的发展，市民文化随之繁荣起来，社会风气也逐渐发生转变。

贸易流动加强　在商品经济崛起的背景下，各地区间的商品流通与经贸往来日益频繁，湖广地区的粮食和黑茶分别受到江南和漠北的青睐，而江南的丝棉制品则风靡全国，经济的繁荣促使众多人士投身商业领域，直接促进了商品经济的迅猛发展，催生了具有资本主义萌芽性质的新型生产关系，而且在一定程度上动摇了自然经济。自然经济随着农产品商品化的发展而逐渐解体，不少农民由于各种因素，或生活压力，或追求发家致富，开始弃农经商。随着商品经济的发展，生产资料、劳动力均取之于市场，雇工日益增多，资本主义生产关系开始萌芽。另外，商品经济的繁荣促进了人口的流动，大小城镇开始涌现。城市商品经济发展起来了，市民文化开始兴盛了，进而引发了社会风气和文人心

态的转变。

工商阶层崛起 与此同时，与农业密切相关的手工业在晚明时期也迅速发展起来。宋、元两代的积累，为农业和手工业的发展奠定了坚实的基础。到了明代，商品经济的空前繁荣，使得新的市民工商阶层崭露头角，文人们纷纷投身于商业活动，商人们也通过财富积累打通了做官的门道，形成了官商一体的局面。这种社会现象使得读书人的价值取向从程朱理学的"内圣"转向了从事商业和科学研究。这种转变不仅为晚明科学的发展提供了宽松的社会思想环境，也使得一部分有条件、有意愿的读书人得以从事科技活动。此外，北京、南京等地设立了织染局，嘉兴、湖州、杭州等地还设立了专门的官方营造纺织作坊和民营作坊。这些机构的设立，进一步推动了手工业的发展，也为晚明商品经济的繁荣提供了坚实的物质基础。纺织业的繁荣不仅提高了人民的生活水平，也促进了商业贸易的兴盛，同样也为资本主义的萌芽提供了土壤。

政治环境动荡 当然,晚明时期也面临着吏治腐败、社会动乱、外敌侵扰等多重危机。明朝初期,明太祖朱元璋(1328—1398)为了加强中央集权,废除了丞相制度,由皇帝亲自处理国事。但皇帝精力有限,为了减轻自身政务负担,内阁制度应运而生,旨在协助皇帝处理政务,提高政府效率。但随

着时间的推移，内阁的角色越发重要，甚至开始对皇权形成一定的制约，这使得皇帝的统治权受到了限制，并导致了后期官员与宦官之间权力的争夺。在争权夺利的过程中，派系斗争十分激烈，极大地耗损了国家的实力。这种动荡的社会环境虽然给人民带来了深重的苦难，但也为经世致用之学和自然科学技术的发展提供了空间，使得农业生产更加繁荣。此外，随着农业和手工业的繁荣，商业贸易逐渐兴盛起来。各地之间的商品交流日益频繁，市场不断扩大，商业活动也变得更加活跃。

文艺复兴影响 欧洲的文艺复兴运动是一场发生在14世纪到16世纪之间的反映新兴资产阶级要求的欧洲思想文化运动。它不仅推动了欧洲文化、艺术、科学等多个领域的发展，为欧洲现代文化的形成奠定了基础，也在一定程度上催生了晚明资本主义萌芽的出现。文艺复兴时期的人文主义思想强调人的价值和尊严，提倡个性解放和自由思考。这种思想传入中国后，对明代的知识分子和士人阶层产生了深刻的影响，推动了他们的思想解放和观念更新，这在一定程度上为明代资本主义萌芽提供了思想基础和舆论支持。此外，欧洲商业和贸易的繁荣对明代产生了积极的影响，促进了中国商品经济的发展和海外贸易的扩张，这在一定程度上为明代资本主义萌芽提供了物质基础和市场空间。虽然远隔千山万水，但文艺复兴的影响通过传教士、商人等传播到了东方，为晚明的发展提供了许多有益的启示。

科学复兴　思想启蒙

宋应星,这位活跃在明末清初的科学家,他的思想深受当时社会思想文化发展的影响。因此,要全面理解宋应星的思想,就必须对明代晚期的社会思想文化背景进行深入分析。通过对这一时期思想文化发展潮流的研究,我们能够更加准确地把握宋应星的思想精髓及其时代价值。

多种思想交融　明代初期,程朱理学一直是官方正统意识形态,并在永乐年间(1402—1424)通过《性理大全》的编纂而获得了官方的正式认可,从而进入其发展的黄金时代。但到了明代中期,王阳明的心学思想开始流行并迅速传播开来,开始与程朱理学对垒。进入明代后期,这两大学派开始互相辩论和攻击,同时也出现了试图平息纷争、调和两说的声音,佛教、道教甚至西方宗教也得到进一步传播。无疑,明代晚期这种多元化思想的斗争与交融,主流思想和支流学说的碰撞、保守思想和激

进思想的冲突，在一定程度上让社会文化日益繁荣。身为明代晚期的文人，宋应星的思想不可避免地受到了时代的深刻影响，开始专注于实用之学。

新派思潮凸显　晚明时期，社会风气经历了巨大的变革。晚明学者坚持不懈地进行思索、探究，促进了明末社会思潮的繁荣、多元化。在陆王心学对程朱理学的冲击下，学者们开始突破传统思想的束缚，产生了许多特色鲜明的新思想。王守仁弟子、泰州学派创立者王艮（1483—1541）推崇自我价值、个性的发展，比较明确地提出了不完全成熟的社会平等、个人自由、个性解放等思想主张，是我国"早期启蒙思潮的先驱者"。李贽（1527—1602）勇猛地抨击腐朽、狠毒、虚伪的封建道德，推崇思想自由、个性解放，对封建社会的男尊女卑、重农抑商、假道学、社会腐败、贪官污吏大加痛斥批判，主张"革故鼎新"，反对思想禁锢。总之，王艮、李贽等学者，建立了一个反传统的思想系统。它包含了巨大的社会化潜力，它和饱受传统思想禁锢的社会文化心理相契合，所以很容易被大众所认可和接受。这些新思想是推动明末社会风尚、学界风气革新的重要力量。

实学主义萌芽　在古代，科技在很长一段时间内都被视为非主流的"奇技淫巧"，被广大知识分子所忽视。他们更倾向于投入精力在哲学、文学、历史等领域的研究，而对于实用技艺和机械制造等则显得漠不关心。这种观念的形成，一方面是因为古代社会的生产力和科技水平相对较低，人们对技术的需求并不迫切；另一方面，也因为当时的儒家思想强调君子不应该从事具体的技艺工作，而应该专注于"修身、齐家、治国、平天下"。但是，随着明末商品经济的发展、资本主义生产关系的萌芽和新思想的涌现，许多文人开始重视经世致用的实学。同时，利玛窦（Matteo Ricci，1552—1610）等西方传教士带来的西方科技受到徐光启等学者的推崇，西学逐渐融入明朝。尤其到了明末，许多学者开始总结中国古代科技，也开始研究西学，并取得了丰富的成果，这成为古代科技发展史中的新高峰。这一时期，《农政全书》《本草纲目》《天工开物》等实学著作纷纷涌现，充分体现了明末实学的繁荣和科学思想的进步。

文人风气转变 晚明时期，文人群体经历了思想的深刻变革。商品经济的繁荣和市民文化的兴起，使他们开始质疑传统观念，寻求新的生活方式和价值观。政治上，文人不再只追求科举，更向往归隐和个人兴趣。价值观上，他们逐渐摆脱"重义轻利"，追求个人经济利益。这种变革在科学著作——

《天工开物》和《本草纲目》中有所体现。晚明文人的重要特征是归隐和追求生活情趣。随着商品经济的发展和市民文化的盛行，文人的生活方式发生巨变。他们不再满足于传统束缚，开始追求个人享受和情趣，注重自我价值和权利，积极参与社会变革，探索新的生活方式和价值观。思想家倡导士人世俗化，鼓励文人与市民交流，体验世俗生活。这种思想的传播和实践，使文人的价值观转变，大量士子开始从商，追求商业利益和个人爱好。这种转变不仅反映了社会风气的变化，更体现了文人在社会变革中的积极参与和探索精神。

西学东渐　实学繁荣

明代（1368—1644），中国与世界其他地区的交流日益频繁。西方的科学、技术、哲学、艺术等纷纷传入中国，与中华传统文化相互碰撞、交融。这种"西学东渐"的现象，不仅促进了中华文化的更新与发展，也为中国实学的繁荣奠定了坚实的基础。

西方思潮碰撞　明代，西方传教士纷纷东来，除了传播教义，他们还带来了西方的科学技术。利玛窦是其中最为著名的一位，他在中国展示了众多的西洋物品，为中国人打开了一个全新的世界视野。在此之前，中国人对于世界的认识仅限于"天圆地方"的观念，而利玛窦展示的《坤舆万国全图》则彻底打破了这一局限，让士大夫们眼界大开。以利玛窦为首的传教士群体，在致力于宗教传播的同时，也积极推动西方科学技术的引进。他们所带来的新技术、新知识和新思想，为当时相对封闭的中国社会注入了新的活力。通过接触这些新颖的事物和思想，中国民众开始对外部世界有了更为深入的了解和认识。一些具备前瞻性思想的知识分子，如徐光启、李之藻、杨廷筠和方以智等，主动与传教士建立学术交流，深入探索科学技术的奥秘。他们开始反思和调整自身的价值观与世界观，对中国传统的自然观进行了深刻的反思和变革。

外来技术影响　在明末这个特定的历史时期，中国人对于西学的接纳态度空前高涨，展现出了深厚的学术热情与求知欲望。为了更深入地探究西方科学技术的奥秘，一些知识分子投身于翻译事业，努力将西方的先进科技引入中国。一时间，诸如《奇器图说》《同文算指》《泰西水法》等译作如雨后春笋般涌现，这些著作不仅展示了当时中国士大夫阶层对西方科技的浓厚兴趣，更在无形中为中国科学技术的发展奠定了坚实的基础。然而，在这个看似繁荣的学术氛围背后，隐藏着知识分子在思想上受到的束缚。程朱理学、八股取士等如同沉重的枷锁禁锢了文人的思想，使他们在追求真理与自由的道路上步履维艰。在这种顽固守旧的社会风气下，多年来许多文人深感窒息和压抑，他们的创造力和创新精神被严重束缚，这无疑是对中国科技进步的巨大阻碍。

先驱挺身而出 明末，西方思想如潮水般涌入，极大地激发了士大夫阶层对科技研究的浓厚兴趣。然而，程朱理学的束缚以及八股取士制度的禁锢，使得人们的思想发展受到了严重阻碍。就在这艰难的时代背景下，徐光启(1562—1633)和李之藻(1565—1630)等先驱挺身而出，勇敢地与现状进行抗争。徐光启积极学习西方科学知识，他翻译《几何原本》，将西方先进的数学知识引入中国，创作《农政全书》，对农业生产技术进行了系统总结。李之藻同样致力于西方科学知识的传播，他与西方传教士合作，翻译了多部科学著作，为中国传统科学注入新的活力。他们以无畏的精神和卓越的智慧，努力冲破思想枷锁，为科技发展开辟道路，成为那个时代推动科技进步的中流砥柱。

实学思想兴起　明清之际,社会处于变革的关键节点,一场意义深远的实学思潮蓬勃兴起。晚明时期,心学末流一味空谈义理,沉醉于形而上的论道,脱离实际社会民生,在国家面临内忧外患、百姓生活困苦之际,这种风气显得尤为空洞。此时,实学思潮的倡导者们深刻认识到心学末流的弊端,他们主张经世致用,强调学问要切实作用于社会,解决实际问题。思想家顾炎武(1613—1682)便是其中的典型代表,他一生辗转多地,深入考察山川地理、民生百态,提出"天下兴亡,匹夫有责"的著名观点。黄宗羲(1610—1695)同样贡献卓越,他对封建专制制度进行了深刻批判,在《明夷待访录》中提出限制君权、设立学校监督政府等设想,为后世政治改革提供了思想源泉。在他们的引领下,思想解放的潮流逐渐兴起,如同滚滚洪流,势不可挡。不仅改变了那个时代的社会风气,也为后来的社会进步与发展奠定了基础。这场思想解放运动对我国的历史进程产生了深远影响。

回顾宋应星所处的时代和经历,变革与探索,科技进步与社会发展交织在一起,为宋应星提供了施展才华的广阔舞台。他的科学成就,不仅是他个人才华的体现,也是那个时代的缩影。在今天的科学探索之路上,宋应星的故事仍然具有重要的启示意义。科学的发展离不开时代的进步,更离不开个人的努力与拼搏。在这个日新月异的时代,我们应该像宋应星一样,保持对科学的热爱与追求,勇于探索未知领域,为实现人类的共同繁荣与进步贡献自己的力量。

二 官宦世家 书香门第

宋应星出身于书香门第，天资聪颖，虽然后来宋家遭遇不幸，家道中落，但没有阻止他从小对科学技术产生浓厚的兴趣。传说宋应星母亲生他的前一天晚上做了一个梦，梦见金星入怀，因此为他取名为应星，字长庚（金星又名长庚），这个名字可谓名副其实，宋应星就是科学灿烂星空中光芒四射的一颗巨星。

高祖起家　曾祖卿相

宋氏家族在奉新绵延已久,据说在隋末唐初,宋氏家族从庐山脚下迁徙到了奉新,一直在奉新雅溪一带繁衍生息。据《宋氏宗谱》记载:"雅溪之有宋,自福五公始。福五公由义井迁雅溪,故雅溪宋氏之谱列福五公为第一世祖宗。"可见宋福五被雅溪宋氏认为是家族的第一代人,从宋福五到宋应星,共十一代人,经历了贫穷—富有—贫穷的过程。

高祖起家　雅溪宋氏家族到第六世祖宋宇昴时,家境比较优越,"家有积谷数千",成为当地的一个有名大户。宋宇昴有四子:宋迪吉、宋迪嘉、宋迪荣与宋迪华。其中,次子宋迪嘉顺应政策,广开农田,勤俭持家,带领家族走向富裕。

元末时期,由于阶级矛盾、民族矛盾、统治阶级内部的矛盾日益尖锐,红巾军起义爆发了。元朝的军队和红巾军在江西及其周边省份,进行拉锯式的战争,战争结束之后,人口稀少,田地荒芜。明

初，明太祖朱元璋（1328—1398）为了恢复国民经济，颁布了许多惠民政策，以发展经济，增加人口，比如他曾下令规定开垦的荒地隶属于开垦者，且三年之内不征赋税。

宋迪嘉是宋宇昂的次子，按宋氏家族辈分来说是宋应星的高祖。他积极响应国家的号召，组织人手开垦荒地，种植水稻、苎麻、桑树，而后加工稻谷、织布、养蚕，获得大米、夏布、生丝等农产品，使得宋家家境日益殷实，成为奉新县北乡的富裕人家。

家境富裕之后，宋迪嘉娶了第二任妻子涂氏。他和涂氏、已经去世的第一任妻子陈氏一共生养了五个儿子，他们分别是宋时、宋景、宋旦、宋诰与宋晖。宋迪嘉秉承耕读传家的传统，让五位儿子均接受了一定的教育。

其中，长子宋时的孙子宋国祚成年之后顺利成为县学生员，他还是宋应升、宋应鼎、宋应星、宋应晶四兄弟的堂叔和启蒙老师。宋国祚至少把四位雅溪宋氏家族子弟——宋应升、宋应星、宋士中和宋士达培养成举人。当然，这是后话了。

曾祖兴家 宋应星的曾祖父宋景通过科举进入仕途，进一步兴旺了家族，其官至南京工部尚书、南京吏部尚书、都察院左都御史。

宋景（1476—1547）是宋迪嘉和涂氏生的儿子，在五位兄弟中排行第二，敏而好学，勤奋上进，顺利地获得了举人（江西乡试第四十名）功名，为参加会试做好了铺垫。

弘治十八年（1505）三月十五日，29岁的宋景顺利地考取了进士，正式成为明朝统治阶级的一员。此年会试，录取了303位进士：一甲为3位，即状元（从六品）、榜眼（正七品）、探花（正七品）；二甲95位，为从七品，赐进士出身；三甲205位，正八品，赐同进士出身。宋景在殿试中被点为二甲第十五名，从此开启了他四十二年的官场之路。

嘉靖十九年（1540），宋景升迁为南京工部尚书。宋景在任上敬业爱岗，他在南京督造皇船，设法节省了八成的材料，减轻了财政负担。他奉圣旨

督建了南京奉先殿和旧邸世子府、元祐宫殿，因为工程质量好，且省工省料，朝廷赐给他金质腰带，以表奖励。1541年（嘉靖二十年），他改任南京吏部尚书，他在任上同情、救助弱势群体，多次主持录遗——录取落第童生，让他们获得秀才功名，从而能参加乡试，大家说他有古大臣之风。不久，他改任南京兵部尚书，参赞机务。

嘉靖二十五年（1546）七月，宋景调任北京都察院任左都御史（正二品），成为内阁七卿之一的朝廷重臣，手握弹劾、建言的大权。

宋景为官清廉、正直，任山西左布政使时，清除弊政；任左都御史时，弹劾了一些贪官污吏。令人遗憾的是，宋景在任上不到一年，就于嘉靖二十六年（1547）正月十一日卯时殉职于北京任内，享年71岁。

突遭变故　家道中落

宋景从政四十二年，在官场人脉丰富，俸禄等收入丰厚，家里奴婢多达几百人。宋府门前，天天有各种贵客登门，一派繁华景象。但天有不测风云，曾祖父宋景去世，祖父宋承庆早逝，宋家突遭大火，宋应星的家道开始中落。

祖父英年早逝　宋景和张夫人、韩夫人等生养了五位儿子，长大成人的有四位：宋垂庆（生卒年不详）、宋介庆（1521—1590）、宋承庆（1522—1547）与宋和庆（1524—1611）。宋景和韩夫人生养的第三子宋承庆是宋应升、宋应鼎、宋应星和宋应晶四兄弟的祖父。

宋承庆（1522—1547），嘉靖元年（1522）六月二十一日午时出生，天资聪颖，知识渊博，善于撰写诗文，气宇轩昂，追求上进，亲友们均对他抱有厚望。

宋景生前把家里的动产、不动产平均分为四

份，分给四位儿子，宋承庆也分到了许多房屋、田地。因为父亲宋景是朝廷高官，所以宋承庆在当地也有一定的社会地位和政治影响力，在经济上也比较富足。这时候，宋家的政治经济地位虽然比不上宋景活着时那么显赫，但依然有往昔繁荣昌盛的气派。

宋承庆的学问好，而且打算通过科考进入仕途，其奋斗目标是子承父业，成为父亲宋景那样的朝廷命官，建功立业。但遗憾的是，他在嘉靖二十六年（1547）七月二十七日病逝，年仅25岁，还只是一位普通的县学生员，可谓是壮志未酬身先死。

宋承庆娶过两位夫人。第一位夫人是江西省南昌府奉新县龙潭的黄氏，但黄氏不孕不育。第二位夫人是奉新县泥湾的顾氏（1530—1589），她嫁给宋承庆的时间是嘉靖二十五年（1546），当时她才16岁，宋承庆24岁。宋承庆和顾氏结婚后第二年，即嘉靖二十六年（1547），他们的独生子宋国霖（1547—1630）呱呱坠地。顾氏命运悲苦，16岁结婚，17岁生子但死了丈夫。想到自己17岁就要守一辈子寡，新婚丈夫从此天人永别，她痛不欲生，关上房门，准备悬梁自杀。但冥冥之中似有天意，绳子竟然断了三次，同时，襁褓中的宋国霖好像也有了心灵感应，大声哭泣起来，意在挽留母亲的生命。顾氏求死之心稍微缓解，决定含辛茹苦地把孤儿养大成人。

母子相依为命　宋承庆英年早逝对顾氏打击很大，但顾氏深爱独子宋国霖。她虽然生活艰苦，穿朴素的衣服，吃简单的食物，但一直努力抚养着宋国霖。小叔子宋和庆同情寡嫂、孤侄，对孤儿寡母也多有保护和支持，全力帮衬寡嫂抚养侄儿长大，待宋国霖稍长，便把他带在身边亲自管教。宋和庆45岁高中进士，曾任浙江安吉州同知、广西柳州府通判。不久，因为父亲宋景逝世，宋和庆回家丁忧。丁忧期满之后，辞官在家办私塾，从事教育活动，专心致志培养雅溪宋氏家族子弟，宋国霖深受其影响。

顾氏对独生子宋国霖疼爱有加，不愿意他苦读

诗书，累坏身体，也不愿意他离家太远求学和参加科举考试。她希望母子两人日日相见，也希望儿子早一点成家立业，多添男丁，壮大自己这一房的势力。因此，宋国霖虽然高寿——活了83岁，但他一辈子只是一位县学生员，18岁的他在嘉靖四十四年（1565）成为县学诸生，到崇祯二年（1630）冬病逝，一直做了65年的秀才。宋国霖在家里和妻妾甘氏、魏氏、王氏一起孝顺母亲，并生养了四个儿子——宋应升、宋应鼎、宋应星、宋应晶和几个女儿。

起初，宋国霖娶了正妻甘氏（1544—1599），但她只生了两个女儿，没有生儿子——在当时而言，这算是一个十分严重的问题。顾氏心里十分着急，便在宋国霖30岁那年，给他纳了两妾——魏氏（1555—1632）、王氏（生卒年不详），指望她们能多生几个男孩。

果如顾氏所愿，嘉靖二十六年（1547），魏氏为宋国霖生了长子宋应升（1547—1646）；万历十年（1582），嫡妻甘氏为其生了宋应鼎（1582—1629）；

万历十五年（1587），魏氏为其生了宋应星；万历十八年（1590），王氏为其生了最后一位儿子——宋应晶（1590—?）。

守寡四十多年的顾氏，看到宋家后继有人，添丁进口，深感欣慰。她尤其喜爱第三位孙子宋应星，因为他机灵而俊秀。万历十七年（1589），59岁的顾氏心愿已了，油尽灯枯的她撒手人寰。这一年，宋应星已经两岁。

家道开始败落 据《方玉堂全集·卷八》记载，魏氏身体健美、温柔贤惠。万历四年（1576），经过媒人介绍，21岁的她由父母做主，给29岁的破落官僚地主子弟宋国霖为妾。魏氏为宋国霖生了两个儿子——长子宋应升和三子宋应星。宋应星的外祖父名叫魏鸿兴，他是奉新县新兴乡小港村的菜农，外祖母姓阴，也是普通的农妇。魏鸿兴在家栽种蔬菜出售谋生。宋应升、宋应星有两位舅舅，其中有一位舅舅和宋应升差不多大，但因为营养不良，个子比宋应升矮很多。宋应升、宋应星的这两位亲娘

舅在深山老林中从事繁重的体力劳动，靠出卖劳动力——造土纸为生，生活并不富裕。宋应星两位舅父打工的东家是宋国霖嫡妻甘氏的父亲甘学圣。

万历五年（1577），宋国霖纳魏氏、王氏二妾的第二年，宋家发生火灾。这场大火几乎把宋家几代子孙共同居住的一栋五进五厅带后花园共计一百多间房屋的大官厅连同家私、细软烧了个精光。宋国霖只好和同居一屋的叔伯堂兄弟们一样，卖掉大半田产，重置房屋家当。到宋应星出生时，宋家大官厅连带大花园早已荡然无存，各房各户化整为零在原址上建起的是几栋破落的单厅小屋。宋国霖一家只剩下不到二百亩的田产和八九个长工，丫鬟、老妈子则遣散一空。宋应升、宋应星的生母魏氏沦为丈夫及其嫡妻甘氏的变相使女和担家负重的老妈子。

魏氏进入宋家的第三年，即万历六年（1578），23岁的她为宋家立下一个大功劳——宋国霖的长子宋应升诞生。

由于家境衰落，家里的仆人、奴婢全部被解雇了。宋国霖晚上要喝水，魏氏为了省钱，不点燃油灯，便左手抱着幼儿，右手端着一碗茶水，小心翼翼地在夜色中从厨房进入卧室，侍候丈夫喝茶水。夫妻两人和幼儿不点油灯，在卧室内靠月光照明。

由于魏氏的娘家比较清贫，父亲是普通菜农，无权无势，加上宋家因为火灾而败落了，魏氏已经沦落为家里的女仆了。她每天要早起，为家里包括二十多位雇工在内的几十口人做饭。等大家吃完饭之后，她再吃剩下的东西。菜被前面的人吃完了，她就用筷子蘸点儿盐巴下饭，如果饭菜都被前面的人吃完了，她便空腹继续做家务，生活十分艰苦。由此可见，宋氏家族已呈衰败之势，家境"渐以萧条"。

崇文重教　甲第世家

雅溪宋氏居住的奉新古称新吴,历史悠久,五代南唐开国皇帝李昪(889—943)因避"杨""吴"之讳,将新吴改名为奉新,从此有了今名。奉新在长江以南,南北西三面环山,中间有潦河流经,向东北流入鄱阳湖而汇入长江。农业以稻米为主,油茶树、茶树和毛竹等林业资源丰富。长期居住在此

的宋氏家族历来以农为本,耕读传家,明初顺应政府鼓励农耕的政策,在村边开荒,种桑养蚕,逐渐发迹,子弟因而得以读书,科甲连绵。

易熊为宋　南宋末年,宋瓒(宋福五)入赘到了奉新县北乡(今江西省宜春市奉新县宋埠镇)熊家,和妻子育有两个儿子:长子跟随岳父姓熊,名叫熊定五,继承熊家香火;次子名叫宋定六,后迁居厚岗(今属江西省宜春市丰城市杜市镇后岗村)。熊定五娶妻宋氏,育有三个儿子:熊德甫、熊德澄、熊德清。熊德甫和妻子徐氏育有四个儿子:宋仲端(熊仲端)、宋仲彰(熊仲彰)、宋仲刚(熊仲刚)、宋仲礼(熊仲礼)。熊定五出生在元朝,做过驿站的站长——驿宰,是宋氏家族迁居后第一个出来做官的。他担任剑江驿宰后,生活开始好起来。到熊定五的儿子熊德甫这一代,生活比较富裕,特向皇帝申请重新姓宋,得到皇帝恩准,从此以后他们的后代便将熊姓改为宋姓。熊德甫有三个儿子从事劳作,劳动力充足,生活条件较好,可以让最

小的儿子仲礼脱产读书。仲礼也十分争气，以乡选贡生身份进入京师国子监，考列优等，成为雅溪宋氏家族第一位获得科举功名者。据奉新县雅溪《宋氏宗谱》记载，宋仲礼天资聪颖，过目不忘，从小便十分勤奋，刻苦钻研儒家深奥的学问，开宋氏家族学风之先河。他和同窗学习儒家经典，从早到晚，毫无倦色。明朝洪武年间，宋仲礼以乡选贡生的身份到国子监学习，并通过考试获得功名。他上承祖先的恩泽，下启后代崇文重教的门风。从此，宋家子弟有的不再务农，而是专心读书习字，但还没有通过科举而进入仕途。

科甲连绵　宋景是宋氏家族的第二位进士，也是宋应星直系祖宗中第一个通过科举进入仕途的。宋景是宋氏家族的第八代人，至宋景时，宋氏家族已成官僚大族。宋景是明朝中期重要的阁臣，弘治十八年（1505）进士，初知睢州，累官至兵部尚书、参赞机务，兼都察院左都御史，卒赠太子少保、吏部尚书，谥庄靖，因宋景故，朝廷追封宋景祖父宋宇昂、父宋迪嘉为吏部尚书，故宋家又有"三代尚书"的荣光，宋埠镇牌楼村迄今存有"三代尚书"牌坊，是该村中最早建立的牌坊，记录着宋氏祖辈曾经的辉煌。

在宋氏家族，除了曾祖父宋景是进士，其族里还有多人获得进士、举人功名。明清时期，雅溪宋氏家族至少有15位进士、42位举人。宋景的长子、宋应星的伯祖父宋介庆，于嘉靖三十二年（1553）中举，任徽州府黟县知县，不久，升任为黟州知州；宋景的四子、宋应星的叔祖父宋和庆，于隆庆三年（1569）中进士，曾任浙江安吉州同知、广西柳州府通判；宋应星的大哥宋应升于万历四十三年（1615）考中江西乡试第六名举人，崇祯四年（1631）在北京参加吏部的大挑，成为浙江桐乡县县令，后任广东恩平县县令、高凉同知、广州知府。

宋应星的族叔宋国华于嘉靖十六年（1537）在江西乡试中成为举人，嘉靖二十三年（1544）成为进士，后于隆庆年间（1567—1572）成为贵州左布政使。宋国华逝世后，朝廷追认他为通奉大夫（从二品）。古代也称布政使为方伯或者藩伯。所以，宋国华在奉新县雅溪老家树立了一个"方伯第"的牌坊。宋国华的侄儿宋应和（1549—1619），于万历元年（1573）考上举人，万历十四年（1586）考上进士。宋应和的孙子、宋士中的次子宋一贞于崇祯十五年（1642）考中进士，后任湖广巡按。如此，宋国华（伯曾祖父）、宋应和（祖父）、宋一贞均在明代考中了进士，出现了"一门三进士"的盛况。崇祯年间，雅溪宋氏的宗亲为他们立了"世进士第"的牌坊。此外，宋应星的族侄、同窗宋士达也是举人。

宋氏家族历来重视读书，耕读传家，崇文重教，科甲连绵，从宋埠镇牌楼村"三代尚书第""方伯第""世进士第""世科坊"等众多的牌坊来看，足见宋氏家族在明清两朝是当地的"名门望族"，全县世家大族无出其右，更有祖孙三代三人连登进士，堪称举国罕见。

三 勤奋博学 志在科技

宋应星出生于官宦世家,曾祖父宋景在嘉靖年间做过都察院左都御史,官居正二品,家族在当地一度非常辉煌。受家庭影响,宋应星从小敏而好学,内心有强烈的使命感——要像曾祖父宋景一样,通过参加科举考试来达到光宗耀祖、济世安民的目的。然而,他在科场几经沉浮,六次参加会试均名落孙山。

私塾八载　敏而好学

宋应星自幼即从家族长辈处得知曾祖父宋景的生平事迹、政治成就。因此，他对曾祖父怀有深厚的敬仰之情，矢志以曾祖父为楷模，致力于追求卓越的学术与事业成就，以期能够开创一番宏伟的功绩。所以，他从6岁开始苦读到44岁，一直在科场奋斗了三十八年之久。

宗亲启蒙　6岁至10岁，宋应星在初级、中级私塾求学，塾师是族叔宋国祚。宋应星自小与大哥宋应升一起在叔祖父宋和庆开办的私塾读书。

宋承庆与其弟宋和庆均为韩氏所出，兄弟间年龄相差二载，同气连枝，情感笃厚。隆庆三年（1569），宋和庆成功通过会试，获得进士头衔。他先后担任过浙江安吉州的同知与广西柳州府的通判等要职。由于他性格内敛，不善于官场中的交际应酬，因此遭到了同僚的排挤。此外，父亲宋景的离世，使他在朝廷中的支持力量也日渐薄弱。鉴于

此，宋和庆决定辞官，回到故乡。归隐后，他致力于教育事业，在本乡积极兴办学校，旨在培养雅溪宋氏家族的子弟。

宋应星、宋应升的塾师是族叔宋国祚，同学有族侄宋士遴、宋士达等人。宋国祚（宋蕴吾）为宋景大哥宋时的孙子，从小博学多才，20岁便考中秀才。其文章水平之高、辞赋之雅，为同辈之冠。他还是一位大孝子，其父亲宋晤川多病，他服侍父亲汤药几年如一日。他淡漠功名，坚持教育子侄，其子宋孟登学识也十分渊博。其族侄宋应升、宋应星均考中举人，前者官至广州知府，后者官至亳州知州；其裔孙宋士遴、宋士达均考中秀才，这都是因为宋国祚教学有方。

当时学子所研习者皆为儒家经典，而课业实践则聚焦于诗词创作与文章撰写之技。据说宋应星七八岁的诗文，常让大人看了惊叹不已。宋国祚十分严格，作业有时候也留得比较多，经常让宋应星等人起早贪黑地阅读、背诵。有一次，宋国祚布置了学习任务，要求次日清晨每个学生必须熟练背诵七篇新的古文。然而，由于年幼且贪睡，宋应星早早便进入了梦乡。相比之下，宋应升则勤奋刻苦，夜晚研读至深，清晨又早早起床，反复诵读古文。次日到学堂后，宋国祚询问学生们是否能熟练背诵，众学生均回答能。然而，宋国祚心存疑虑，决定抽查几位学生。当抽查至宋应星时，他竟能流利背诵出这七篇古文，又得知宋应星是通过聆听兄长宋应升的朗读而背诵成功后，宋国祚深感惊讶。自此，宋国祚对宋应星便另眼相看，认为他天资聪颖，遂悉心指导其学习诸多知识。

升入高级私塾　10岁至14岁，宋应星在高级私塾学习，老师为邓良知。邓良知（1558—1638），江西南昌府新建乔乐乡人，他55岁时考中进士，在这之前，靠教书谋生。他考中进士后，曾任安徽宣城县令、福建兴泉兵备道，镇守兴化府（今莆田市）、泉州府的海防，抵御倭寇，后任广东布政使司参政。崇祯元年（1628），他致仕归乡。年长宋应星29岁的邓良知，不仅是其恩师，更是其姻亲关系中的重要一员——邓良知与其小妾所生的女儿，后来与宋应星的长子宋士慧缔结了婚姻关系，从而建立了两家之间的姻亲联系。

宋应升与宋应星的同窗包括堂叔宋国璋、族侄宋士中以及廖邦英。宋国璋为宋和庆之子。宋士中为宋应和之子，他后来考中举人并担任工部郎中等职务。廖邦英（1569—1642），江西奉新诗人，未曾出仕，他是宋应星兄弟的契友和亲家。

宋应星在高级私塾接受了忠君爱国、富国养民、重视农业、选贤除奸、民族正义、坚持真理等思想。这些思想成为他后来思想的出发点。由于他的老师们学识渊博、品行端正，所以他接受的积极思想因素较为丰富。这些老师之所以均德才兼备，那是因为他们都是由宋和庆严格挑选出来的，目的是让宋家子弟受到较好的教育。

万历二十七年（1599），宋应星的嫡母甘氏病逝，宋应升、宋应鼎、宋应星、宋应晶四兄弟安葬甘氏于高塘山，服丧后继续学习。

县学附生　博览群书

宋应星15岁至28岁是县学秀才（附生）。万历二十九年（1601），15岁的宋应星考中童生。经过县试、府试、院试的层层筛选，万历三十年（1602），宋应星兄弟成为奉新县学生员，从教谕那里接受较高的正规教育。

笃志好学　在县学学习期间，宋应星展现出了深厚的学术造诣和广泛的学习兴趣。他深入研究四书五经，这些儒家经典成为他学术的基石，也奠定了他扎实的学问基础。同时，他还积极研读《国语》《史记》《汉书》《后汉书》等史书，以及诸子百家之书，从中汲取了丰富的历史知识和多元的思想观点。宋应星在学术研究上尤为系统，他深入研究了张载、周敦颐、朱熹、程颢、程颐等理学大家的著作。这些理学大师的思想和理论，为他提供了深刻的哲学思考和人生启迪。宋应星最推崇宋代四大家之一的张载，以及他的"关学"。关学中的"气本论"思想近似现在的唯物史观。受张载的影响，宋应星渐渐有了天人合一、万物并育、道法自然，人与自然和谐共生这样的观点。人需要五谷养活，五谷不能自己生长，需要人来种植。于是，他细心地下乡和农民交流，从而写出《天工开物》的第一卷《乃粒》。此外，宋应星还广泛涉猎了农医历算等科学技术著作，如《天文志》《律历志》《糖霜谱》《墨谱》《本草纲目》《农政全书》等。这些书籍不仅丰富了他的知识体系，也拓宽了他的学术视野。

明代学政规定：岁考是迈向高一级功名的重要考试，它也是由省学政亲自主持的考试，每三年举行两次。岁考分为六个等级，只有获得三等以上的成绩，学子们才有资格继续参加乡试。1611年，年仅24岁的宋应星，正值意气风发之时。他凭借着自己扎实的学识和出色的表现，成功在岁考中脱颖而出，获得了参加乡试的资格。

分家析产 家庭人口规模的扩张，导致管理日益复杂，各方利益难以均衡。在此背景下，思想开明、具备深厚文化素养的老秀才宋国霖，于其三子宋应星新婚之后，毅然决定立即进行分家析产，以期优化家庭治理结构。

万历三十二年（1604），在宋国霖的主持下，18岁的宋应星与大哥宋应升、二哥宋应鼎和四弟宋应晶分家了。宋国霖深思熟虑后，将全部家产分为四又三分之一股。宋应鼎作为嫡子，得到了额外的三分之一股，而宋应星、宋应升和宋应晶这三位庶子则各得一股。这样的分配既体现了家族的传统，也保证了每个儿子都能得到应得的份额。宋应晶当时尚未成家，因此分家后，他的生母王氏代为管理家务，直到他成年。而宋国霖则选择在四个儿子的家中轮流用餐，享受天伦之乐。王氏则带着她的儿子宋应晶一同生活，相互扶持。经过这次分家，宋家的家产虽然看似仍然丰厚，但四又三分之一股的拆分使得每个小家的家底都显得更为单薄。

宋应星家分到了四十五亩可种植水稻的水田，几亩旱地和一千多亩山林。此外，还有一些白银和家常用具，虽然不算特别富足，但也足以维持一家

人的生计。分家后,宋应星正式开启了他独立的人生旅程。在母亲的悉心指导下,他学会了如何管理家务,如何规划未来。这段日子,他既感受到了生活的艰辛,也体会到了成长的喜悦。这段经历,无疑为他日后在科举道路上的坚持打下了坚实的基础。

分家后,魏氏与长子宋应升一家生活,帮助照顾五位孙子——宋士颖、宋士璜、宋士頵(涂绍煃的女婿)、宋士琐和宋士融。宋应升不仅是一位孝子,对母亲恭敬有加,更是一位仁义的兄长。他与三位弟弟关系和睦,彼此扶持,共同维护着家族的和谐与繁荣。尤其是与同胞弟弟宋应星,两人的关系更是亲密无间,无论是在学业上还是在生活中,都相互扶持,共同进退。

宋应星的弟弟宋应晶因乡试答卷中出现了讳字,被录取为副贡生。一次,他打算乘船去参加科举考试,突然,鄱阳湖吹起大风,几艘船翻覆了,深感恐惧的他下船回家,从此绝意科举,搬迁到奉新县城郊区隐居了一辈子。他之所以如此,还有其他原因：首先，他的第二位妻子是张相国千金，出身于富贵之家，不愿栖身于乡野之地；其次，宋应晶对张氏情深义重，不愿让她在清苦的书斋生活中备受冷落。

科场坎坷　志在科技

宋应星自幼才智出众,然其科举之路多舛,六次应试皆未中第。然此屡败屡试之旅,实为其深入实地考察之契机。赴试途中,他遍历南北,观察农田、作坊,详尽记录所见所闻,为完成科技巨著《天工开物》奠定了扎实基础。

六上公车　宋应星从29岁至44岁,六上公车均落榜。六次分别是万历四十四年(1616)、万历四十七年(1619)、天启二年(1622)、天启五年(1625)、崇祯元年(1628)和崇祯四年(1631),基本上每三年到北京参加一次会试。

万历四十四年,29岁的宋应星第一次赴京参加会试,发榜时名落孙山,立即启程回江西老家。万历四十六年(1618),宋应星兄弟第二次踏上了赴京参加会试的征程,宋应星认真考完三场,等待发榜,遗憾的是宋应升、宋应星第二次名落孙山。天启二年(1622),35岁的宋应星第三次赴京参加会试，宋应星兄弟又一次名落孙山。天启五年（1625），38岁的宋应星第四次赴京参加会试。这次会试由于主考官公开营私舞弊，宋应星兄弟第四次会试失败。天启七年（1627），朝廷政局更迭，宋应升、宋应星兄弟期望科考能更趋公正。崇祯元年（1628），41岁的宋应星第五次赴京参加会试，结果还是未能如愿中得进士。崇祯四年（1631），44岁的宋应星第六次赴京参加会试。结果吴伟业等人考中了进士，宋应星兄弟第六次仍然没有考上进士。

虽然宋应星科举之路多舛，六次应试皆未中第，但其屡败屡试之旅，却为其深入实地考察提供了契机。宋应星北上赴京应试途中，行程多达九万多里，途经江西、安徽、江苏、山东、河北5个省，路过南昌、湖口、淮安、南京、济宁、沧州等15个重镇，并在沿途进行田野调查，了解各地的农业、手工业、矿冶业等生产技术和民情风俗，为撰写《野议》《天工开物》积累写作素材。

科学巨星 KEXUE JUXING
宋应星画传 SONG YINGXING HUAZHUAN

独辟蹊径　明末，由于土地兼并愈演愈烈，农民生活异常贫困，宋应星长期生活在农村，对此深感痛心和忧心，痛心于民生艰难，忧心于国家安危。由于在科举的道路上未能成功，宋应星慢慢感觉到做官并不是一个人价值的唯一体现，尤其是六次"落第"的遭遇更坚定了他的这种认识，于是他决定不再浪费生命，寻求其他途径来实现自己的抱负。宋应星在北上赴考路途中与各地劳动人民进行了广泛接触，逐渐认识到了科技的价值，决心走科技救国之路。然而，由于儒家教育传统长期以来偏重文学而轻视技术实务，关于农业和手工业方面的著作寥寥无几。宋应星认为儒者虽然重视修身处世、治国理政，但对实学不够重视，很少接触到这些理论所对应的真实操作。因此，他决定编纂一本关于农业和手工业的专著，计划从五谷作为起始，以珠宝为终结，用来指导劳动人民的工农业生产，增加农民收入，改善农民生活，挽救国家危亡。

宋应星在十五年内经历了六次科举考试，从最初的充满激情到后来的家庭负担沉重，但一直未能获得成功。此外,他还承受了父亲宋国霖去世的打击,家中还有需要赡养的母亲。尽管科举题名有着十分的诱惑力,但眼下最重要的是维持一家人的生计。宋应星的哥哥宋应升在崇祯五年(1632)被吏部选派为浙江桐乡县令,这算是对父亲期望的一种回应。在宋应升任桐乡县令的那几年,宋应星经常去探望,发现当地水稻的产量远比家乡的要高,经一番探究才明白,桐乡的农民在育种、移栽、除草等环节已经实行了精细化操作。为了让更多人受益,他随后将这种方法记录下来。这时,宋应星由于科举考试屡试屡败,也开始放弃通过科举考试获取功名的念头,专心在家中从事耕读之事,立志对科学技术进行探索和研究。崇祯七年(1634),47岁的宋应星经吏部铨选,被委任为分宜县学教谕。虽然年薪仅为三十六石米,但好在可以勉强糊口。他得以专心总结农业和手工业知识,经过三年多的辛勤付出,最终完成了《天工开物》一书。

宋应星,这位明代末年的杰出学者,在历史长河中留下了深刻的印记。他勤奋好学,博览群书,无论是经史子集，还是天文地理，力求精通。他学识渊博，使得他在当时的学术界享有很高的声誉。宋应星的求学之路并非一帆风顺。他六次进京赶考，每一次都充满了期待与焦虑。他渴望通过科举考试实现自己的抱负，为国家、为人民做出贡献。但命运似乎总是在捉弄他，六次考试，六次落榜，这无疑是对他极大的打击。然而，宋应星并未因此而气馁。他坚信，学问的价值不在于能否取得功名，而在于能否为社会带来进步。因此，他继续坚持自己的学术追求，将更多的精力投入到对自然科学的研究中。读万卷书，行万里路，问万件事，拜万人师，使宋应星掌握和积累了大量的第一手资料，视野开阔，阅历丰富，思想深入。他历经数年精心撰写，完成了《天工开物》这一巨著，系统地总结了古代各项生产技术，进而构建了一个相对完善的技术体系，为后世提供了宝贵的科技遗产。

四 辗转官场 政绩斐然

接连的科举失败让宋应星放弃了考取功名的念头，从科场辗转至宦场。从入仕到出仕，宋应星经历了近十年的地方官生涯，他在为官期间致力于为当地百姓服务，政绩斐然。他的官场生涯可以分为三个阶段。崇祯七年（1634），宋应星担任袁州府分宜县学教谕，在分宜县任教的这四年，是其一生中比较重要的阶段，《天工开物》就发表于此期间；崇祯十一年（1638），他升任汀州府推官，以仁德治民；崇祯十六年（1643），出任凤阳府亳州知州，招抚流民。崇祯十七年（1644）后，宋应星拒不出仕，过着隐居的晚年生活。

分宜教谕　振兴士风

崇祯年间的明朝面临内忧外患，朝廷上下正是用人之际。在兄长宋应升担任县令后不久，崇祯七年（1634），47岁的宋应星担任了江西袁州府分宜县县学教谕一职，负责教授县学生员。在明代，教谕的职责主要是管理和督促检查学生的学业，同时指导训导开展相关教学活动。这里的训导指的是未入流的上等杂职官，职责主要是辅助教谕管理生员，并负责具体教学。

分宜原属宜春县。宜春县始建于汉高祖七年（前200），当时的宜春县管辖的地域包括整个袁河流域。三国时期，孙吴政权在袁河上游划出了一块土地设立萍乡县，又在下游划出了两块土地分别设立清江县和新渝县；直到宋朝，才又在中游分出一块土地设立了分宜县；分宜县的名称就是因此而来的——分宜县是从宜春县分出来的。隋朝开皇年间，国家开始在宜春县城设立了郡治，沿袭袁河的名称，定名为袁州，管辖袁河流域的宜春、萍乡、新渝三县，是为赣西重镇。值得一提的是，唐代韩愈曾在这里当过刺史，创办了著名的昌黎书院；明朝改郡治为府治，辖区不变；嘉靖年间，在朝专权长达20年的内阁首辅大臣严嵩就是分宜县人氏。

分宜县城是一座小巧玲珑、面积不大的小城，它建在袁水中游一片四面环山的盆地里，城外三面是阡陌纵横的水田，一面临着袁河；水田的外面和袁河的南岸都是山。城内一条十字街贯穿了东西南北四门，其余就是三五尺宽的小巷。孔庙和学宫建在北门内的一片高地上，孔庙在左边，学宫在右边。屋门前有一个大广场，生员可以在这里练习御、射；在举行盛大庆典时，这里也可以供人们进行活动；会考时，就在广场上搭棚充当临时的考场。广场前还有一条青石板铺地的七尺大道和前面的大街相通。

学宫的建筑可以分为两截儿，前头一截儿是一个三面围墙围成的花园。花园正面青砖围墙中间开一扇大门，大门内侧，傍围墙排列着几间低矮的仆役住房和一间值班房。穿过花园，前面便是一栋室外带廊道的砖瓦平房。这栋平房的外墙与前面的花园围墙连接为一个整体,就成了一个正方形的大型四合院。平房正面中间就是教谕的公堂兼客厅。两侧依次排列着教谕住房、训导住房、客房,等等。在砖瓦平房的两边,一边是讲堂和藏书室,另一边是生员的住房和膳厅、厨房。

虽然教谕只是一个芝麻绿豆小官,但宋应星身在其位,就希望能有所作为。于是,在分宜安顿好之后,宋应星便开始注重当地的文明教化。他向当地的两位训导虚心请教并了解学塾的相关情况,得知本县的各类生员总数达到了535名。其中包括本县廪膳生20名,增广生200名,还有附学生315名。但是按照规制,县学原本只能有生员20名。后来,随着各地读书人越来越多,朝廷默许各地扩招了一些增广生和附学生,统称诸生。

宋应星在听到分宜这样一个不过6万人口的小县竟然有535名诸生时,深感吃惊。宋应星在县学就读的时候,一般县学各类生员加在一起只有一百人左右。他中举之后,由于一直南来北往忙于参加会试

和东奔西走忙于考察百业工艺，不曾关注官学的情况。

原来自从东北、西北虏寇并起，兵役和徭役越来越繁重，只要是有点儿钱的人家都会想尽办法贿赂乡绅贵戚帮忙，介绍子弟进入县学当个生员，因为家中有一个生员就可以使本家两名子弟免服兵役。而没钱的人家，就是卖田卖地卖家当，也要凑够一笔钱用来送礼，给子弟买一个秀才身份。因此，分宜才会出现这么多诸生的情况。而这么多的生员光靠两位训导来管理显然是不够的。据训导所说，分宜县学每月的月考，每季的季考，甚至本该由学政主持的岁考都两三年才可能有一回，且大多是委托知府、知县代劳。而袁州府已经有十几年没见过学政老爷的影子了。

经了解，宋应星得知县学的教学内容除了读四书五经和做八股文章，还有"礼、乐、射、御、书、数"六艺。而其中的射箭和驾车，由于此处的训导并没有学过射、御之艺，而并无教学能力。只是因为朝廷规定县学生员需要学习六艺，所以学堂里才摆着两张弓、几支箭，后院养着一头老黄牛和一辆破牛车，并没有实际的意义。于是，宋应星便决定取消学习与时代不相符合的射、御之艺。他让两位训导把县学的弓、箭、老黄牛和一辆破牛车全卖了，卖得的钱用来买一些艺文杂谈、小说笔记、格致物理之类的书籍收藏在藏书室里。让廪生们除了读四书五经，也要多读杂书；在艺这一方面，强调学习琴、棋、书、画，尤其注重学习画。另外，又通知现有的535名生员三个月后举行季考，考试不合格的就除名。最后，宋应星让两位训导拟一个布告，告知当地百姓，明年三月县学招收生员，学生无论贫富都可以来参加考试，不接受任何请托送礼，完全凭真才实学录取。经此一举便可以清除一部分假秀才，招进一部分家贫无助的真秀才，以正学风。

当年十一月，季考的结果出来了。535名诸生中有120个人以丁忧的名义请假，他们不惜用父母死亡的谎话来逃避考试。而在参加了考试的四百多人中，真正懂得经书旨趣而成文可观者，不过10%；未能达到应有水平但尚属可造者，也不过10%而已；其余80%都是属于"朽木不可雕也"一类的角色，排名在最后30%的人甚至对经书意义和文字表达一窍不通。于是，在考试结果公布后，宋应星毫不含糊地宣布第一批汰除排名最后的30%，共计160名伪秀才。他严令其余生员必须认真学习，否则，明年再考而成绩依然没有进步的人，将第二批被淘汰。此令一出，吓得那些平日里根本不读书、不写字、不算数，游手好闲的秀才不得不重新捧起书本学习起来。

第二年三月考试后，宋应星录选了50名学业真正优秀的贫寒子弟，其中10名充廪，填补了去年食廪到期或遭到淘汰后留下的廪膳生空缺；另外的40名作为增广生，等待岁考和院试合格后，可以参加乡试，获得中举的机会。该举措的实施，改变了秀才只有花钱买或者说是有钱就能买的情况，使得一些贫苦人家看到了靠子弟读书来改变门楣家境的希望。

此外，宋应星还亲自给生员开格物讲座，并带领生员做物质转化、生灭，以及声音传播等实验，县学里的学习气氛空前活跃。两位训导看见新教谕如此身手不凡，使得生员们个个心悦诚服，工作也更加一心一意、勤勤恳恳。训导们在教书育人的同时也抓紧自学，不断提高自身水平；同时坚持对全县生员实行每年两考，奖优罚劣。然后由宋应星斟酌，每次淘汰几名，既足以作为惩戒的手段，又不至于发生太大的震荡。在其各项举措有条不紊地实施之下，分宜县的文教事业焕发了勃勃生机。在他任职的四年中，分宜县学风大振，取得了优良的教育成果，分宜百姓深感满意，也正是在这四年里，他撰写了《天工开物》。

汀州两载　辞官践约

时光飞逝，转眼宋应星在分宜担任教谕已满四年。根据当时明朝的相关制度，需要对他任职期间的工作进行考核。而考核教谕的内容有两个：一是看教谕自身学问是否优秀；二是通过其教授的生员中举的数量来评判其教育效果。考核结果优秀者可以得到晋升，考核结果一般就会调到别的省份担任相同级别的官职，考核结果差的则予以降职或罢免。

由于在分宜四年任职期间，宋应星的教谕工作完成得非常出色，分宜县学的生员和县令曹国祺都对他十分满意。经过考核，在崇祯十一年（1638），52岁的宋应星从未入流的县学教谕被破例提拔为福建汀州府推官。当时的推官是明代在各府一级机构中设置的职位，俗称刑厅，也称司理，是个掌管刑狱的基层职务。虽然江西与福建只隔着武夷山脉，但这是宋应星第一次在外省担任公职。

汀州府，也称汀州，因为位于福建省西部，所以别称闽西。府治在今福建省长汀县。汀州府东南与靠海的漳州府近邻，西与江西接壤。汀州府下辖有八县，即长汀县、宁化县、清流县、归化县、连城县、上杭县、武平县、永定县。

宋应星在出任汀州府推官期间，主要负责司法和刑事案件的处理，也曾为福建布政衙门组织的乡试提供过帮助。按明朝的惯例，乡试期间会召本省各地的推官到省城福州协助考试。推官工作看起来是小事，但与老百姓生活息息相关，是民生大事。宋应星在实际工作中能够体恤民情，关心民意，实事求是地解决老百姓的问题，在百姓中留下了良好的口碑。

由于工作受到上司的处处掣肘，很少有独立作为的时候，再加上宋应星对掌理刑狱的工作并没有很大的兴趣，满腹才华却缺少用武之地，所以到任不久后，崇祯十三年（1640），他任期未满，便辞了官提前离任。

宋应星之所以在这一年辞去汀州推官一职，主要是为了履行三十年之前，即万历三十八年（1610）他和新建举人李曰辅之约。

李曰辅是江西南昌府新建县松山人。小时候，他在村中私塾读书，私塾和屠宰房相邻，听到猪被杀时的惨叫声，他恐惧、难过得不能用膳。父母和私塾老师商量后，把私塾搬迁到了寺庙附近。起初，他很喜欢寺庙的氛围。跟和尚们接触多了之后，他也不喜欢和尚们借佛敛财的行为。李曰辅日常独居一个房间，专注地读儒家经典，写诗作文。万历三十四年（1606），李曰辅考中了举人。从此，他便居住在南昌龙沙西禅堂（今南昌市东湖区下沙窝）内。

万历三十八年（1610），宋应星23岁，父亲宋国霖要他去庐山白鹿洞书院拜山长舒曰敬为老师。此年重阳节那天，他路过南昌龙沙西禅堂，认识了举人李曰辅，两人攀谈起来，一见如故，彼此视为知己，并且一起登上了西山游玩。九月初十，宋应星和李曰辅话别，两人约定三十年之后的重阳节，再次在南昌西山相会。

崇祯十三年（1640），过了立秋（农历七月二十四日），离宋应星和李曰辅当年约定相会南昌西山的日子越来越近了。他归心似箭，于是在辞掉汀州推官的职务后，翻过武夷山，来到了瑞金县，沿着贡水乘船到了赣州，再换船沿赣江来到了吉水县陇洲锦鳞庵，看望在此隐居的同学刘同升后，直接来到位于南昌西山的香城寺，拜访了李曰辅。阔别三十年，两位知己十分高兴，一起畅谈分别后彼此的经历、国事、天下事。

宋应星和李曰辅分别之后，经过安义县石鼻镇，

渡过潦河,回到了故乡——奉新县宋埠镇牌楼村。宋应星回家之后,写了一首《访香城李侍御夜话》:"闻道云城里,先生久挂冠。心婆知爱国,疏直志无官。一衲忘朝野,千峰见岁寒。不因瞻佛岭,何以共盘桓。"

亳州知州　恢复生机

宋应星离开福建返回故乡奉新之后，恰逢政局动荡之时，在家乡过得并不安稳。崇祯十五年（1642）宋应星被擢升为南直凤阳府亳州从五品知州，但因当时的亳州正被农民起义军占领，他无法到任。而后，奉新老家在经过变故后破产，为维持生活，宋应星于崇祯十六年（1643）前往亳州担任知州一职。

亳州，古称亳，别称谯城。亳字拆分，由高字头和宅字底组成，所以又称"高宅之地"，今位于安徽省西北部。明朝初年，亳州作为县，属于南直隶凤阳府，地理位置处于凤阳府的西北角，与河南毗邻。

动荡亳州　崇祯年间，天下大乱，位于中原地区的亳州也未能从战乱中幸免。从崇祯八年（1635）到崇祯十五年（1642）间，亳州就被李自成率领的农民起义军攻破两次，这些农民起义军没有自己的根据地，他们到处流窜，劫掠百姓，

使得亳州百姓饱受战乱之苦。

崇祯十五年（1642）四月十五日，李自成率领的农民起义军第二次进攻亳州，守城的知州何燮率领四百多名守军竭力抵抗，最终城破沦为俘虏，何燮宁死不降，最后被凌迟处死。据《亳州志》记载，此时的亳州还出现了一位为民除暴的微末小吏王隆斗，李自成攻陷亳州时，他正好因公事外出不在城内。在起义军将亳州洗劫一空撤离之后，王隆斗入城将知州何燮的尸体安葬好，而当时亳州本土也有一支土匪作乱，王隆斗便与土匪斗智斗勇，使计引起匪寇内乱，最后歼灭了这支土匪，保护百姓免受匪乱。

崇祯十六年（1643）五月，宋应星风尘仆仆到任亳州后发现，亳州境内由于战乱破坏，满目疮痍——衙门被起义军砸烂，官宅被烧毁，连升堂的地方都没有，沿途都是逃亡的流民，官员也为了保命大多出走。看到亳州如此惨状，他不得不马上致力于亳州基础设施的重建。他带头捐钱修复府衙，修建被战乱破坏的城墙和官衙。城南的薛蕙、薛凤翔祖孙三代苦心经营的常乐园因为战乱的影响而荒废，宋应星就把薛家园林买下来，希望把园林改建为书院以助力亳州教育事业的发展。同时他积极召集并安抚流亡在外的市民百姓，主张恢复商业贸易活动，并推广农业、手工业生产技术，兴办各种手工业，实施了许多有益当地发展的举措。

在宋应星日夜奔波于重建城池、恢复城市生活和重建各级机构的努力之下，亳州百姓得以慢慢脱离战乱之苦，亳州城也终于逐渐恢复了战乱前的生机。然而，此时的亳州再次陷入农民起义军的包围之中。面对这样的局面，宋应星失去了久留之心和恋官之意，他向上级部门递交了辞呈。于是，在书院还没来得及建成的情况下，在崇祯十七年（1644）年初，宋应星带着遗憾离开亳州，辞官返乡。

政情剧变 崇祯十七年三月，李自成率领起义军攻破北京城，昔日繁华的北京城被战火席卷覆盖，崇祯皇帝在景山自缢而亡，明朝长达两百多年的统治就此结束。四月，清兵入关，清朝军队在吴三桂的带领下摧毁李自成建立的政权，攻占北京，开始

清朝的统治。

崇祯皇帝自尽和北京沦陷的消息传到广州之后,担任广州知府的宋应星的哥哥宋应升失声痛哭,当天在府衙布置了灵堂,率领属下披麻戴孝。在战乱之际,他倾尽家财,将妻子和儿女的首饰悉数捐出以助军饷,只可惜大明气数已尽,宋应升在心力交瘁之下,携带家眷辞官告归。

南方抗清力量集结 北京虽沦陷,但南京以及南方各省仍在明朝的控制之下。为了延续明朝统治,崇祯十七年(1644)五月,明朝余臣在南京拥立明神宗朱翊钧之孙朱由崧为帝,以次年为弘光元年,国号依旧为"大明",建立南明王朝。此时的宋应星和兄长宋应升以及其他的江西志士都将复国的希望寄托于南明政权身上,但奈何南明王朝继承了明末腐败荒淫的政治和党派斗争,朝廷上下钩心斗角,朝政腐败至极。南明弘光元年(1645),宋应星收到了朝廷寄来的官员任命名单,名单上他被擢升为滁和兵巡道及南瑞兵巡道(介于省及府州之间的地区长官）四品官员，任所在南直滁州，因宋应星对南明朝廷早已心灰意冷，选择辞而不就。

弘光帝在位的一年时间里，国家财政耗费在豢养军队和过着糜烂生活的皇帝、宫廷和官僚上，而没有用在救济灾民和兴修水利等方面。南明朝廷大肆搜刮民财用于享乐的行为导致的后果就是失去民心，文武百官难觅报国救国之才，遇敌非降即逃，溃不成军。

不久后，清军破南京，南明政权灭亡。宋应星决心隐居不问世事，拒不出仕；从此埋头做学问，专注写作各类科技著作。

纵观宋应星宦场浮沉，为官几载，一心为民。尽管为官之际适逢国家危难，社会动荡，但他并不安于现状，尽职尽责地施展自己的才能，所到之处，皆留下一段佳话，治民、为民、爱民的思想无不鲜活地体现在他的政绩之中。在国家灭亡后，他便将自己的才情留于纸笔之间，为后世留下了诸多影响深远的科学巨著。

五 心忧天下 治国良方

面对明末严重的政治、经济危机,宋应星忧国忧民,以天下为己任。他虽然官位不高,心中却有改良救国的思想,并集中体现在他的论著《野议》当中。直至现在,其许多改良思想仍然闪耀着真理的光辉。

吏政学政　均需变法

明朝末年，封建统治集团逐渐腐朽。当时的大明王朝，政治腐败，朝纲不振，财政枯竭，危机四伏。万历十四年（1586）十一月，明神宗朱翊钧开始沉湎于酒色之中，身体虚弱，每况愈下。朱翊钧执政的中后期，几乎很少上朝，消极怠政，导致国家中央政府长期处于半瘫痪之中。

宋应星注意到各级政府官员的选拔、官办教育事业的重要性，为了国家的长治久安，为了揭批相关弊病，他在《野议》一书中对吏政、学政提出许多改良建议。

吏政方面　宋应星认为，改革吏政关键在于克服吏治中存在的腐败现象，重点在于改良官场风气。在社会矛盾尖锐化、危机四伏的明末，国家需要的是能治国安邦、发展经济、维护国家安全和社会稳定的人才，而不需要疏阔、迂腐的学究、儒生。而封建社会时期，官吏从科举这一条途径产生，整治

吏治就必须整治这一从隋朝沿袭下来的选用人才的科举制度。

首先，宋应星揭露了当时科举的腐败现象。他指出，在科举中考取功名有两个途径：其一，撰写八股文章；其二，串通考试部门，贿赂考官。而通过第二条途径进入官场的人多是无能之辈。在官场中，能被提拔重用者不过少数，多数人则因仕途坎坷而被埋没。宋应星与他的兄长就是如此，不仅才华出众，在官场上也有非常出色的表现。尽管如此，他们六上公车均未成功。那么这又是何种原因导致的呢？究其原因，在科举时代，举子要参加科举考试才能获得功名，但实际上许多考生不靠才干而靠行贿手段来获取功名。因此，这样的考试并不能真实反映出考生的真实能力。尤其在明代末期，由于政治的阴暗和频繁的科场贿赂事件，考试的结果就更加不公正了。

其次，宋应星主张，澄清吏治不能忽视官吏的推荐、选拔、任用、考核中的任何一个环节。在当时整个官场乌烟瘴气的背景下，为官者不为百姓却费尽心机钻营谋求官职的升迁，从而导致官吏越来越不守法，吏治愈加腐朽。因此，宋应星从两个方面强调如何澄清吏治。其一是立法，通过法律来约束和规范官员；其二是学问，强调知识教育和真才实学。同时，他强调必须逐步铲除各种腐败行为，要以政绩和人品为准绳，以此确定官员的升迁和离职。

在文官和武官的选拔和任用上，宋应星也提出了改良的方法。他指出，文武官员在选人和用人时，要以国家的最大利益为准绳，绝不能以一己之私，凌驾于国家利益之上。对于文官而言，朝廷要坚决掌握阁臣、卿相和省、府、州、县地方行政官员的任免权；对武官而言，朝廷要牢牢掌握大司马、经略、总督和卫所将军的任免权。此外，宋应星认为，武将也应该和文职官员一样接受考评，同时更加注重对武将品行和道德的培养。经过层层选拔，最终选出的带兵之人，应当是忠于国家、通晓兵法、军纪严明之人。

学政方面 宋应星认为，科举考试在选拔人才时，不能仅仅以八股文章作为评判标准。科举取士的根本目的是选贤任能，但这只是其中一个方面，更重要的还在于通过考试内容来检验考生是否真的具有真才实学和实际工作的才能。在任人唯亲，攀龙附凤的官僚政治影响下，有些人虽然读了圣贤的著作，却并没有做任何圣贤之事，一味追求个人名利；相反，有些人志向远大、才华横溢，却未能崭露头角。宋应星针对此现象，强调从教育入手学政的改革。

首先，要树立官学教官管理诸生的权威。其次，对官学学生要加强考核与惩罚，行政、司法部门均必须参与进来，以树立学政的权威。再次，宋应星认为，朝廷应当制订出完善的教育管理法规和相关制度，并且在教育活动中严格执行相应的规章制度。在法规的约束之下，那些靠贿赂和交白卷企图浑水摸鱼的富家子弟就不敢贸然占用生员名额，空出的名额就能让给学业好的贫困学生，从而使他们有了靠学习改变门楣、走上仕途的希望。最后，对在校的学生而言，除需要加强学习教育，把各种考试作为考核方法之外，尤其必要的是，官学要对学生进行修身教育，让官学学生具有忠君、爱国、勤劳、节俭、朴素的美德，学生们修身立德后方能更好地施展报国之志。

宋应星关于学政改良的思想并非空谈。正如上文所述，他曾经在担任分宜县教谕期间，在一定程度上实施了其改良主张。当时的分宜县令曹国祺和宋应星都是举人，两人在政治上有着共同的政见，经常在一起畅谈，饮酒作诗。而宋应星也在知县的大力支持下，把县学办得十分出色，在他的教育理念影响下，县学培养出了一批对社会有用的人才。

宋应星提出的这一系列关于吏政学政的改革理念，倘若能在当时得到广泛的传播和落实，那么明末腐朽、昏聩的封建吏治便能得到较大的改观，明朝政权也不至于那么轻易就被推翻了。可惜当时的宋应星只是一位教谕，所写的《野议》自然没能传到皇帝的耳朵里，也不可能被统治阶级采纳。

民穷财尽　开源节流

明朝末年，万历四十六年（1618）正月，努尔哈赤趁明朝党争激烈，怠于军政防备之时，决定对明发兵。经过精心筹划，努尔哈赤率骑兵两万向明朝发起进攻，先占领了抚顺、清河等地，后打算攻入辽东地区，但因力量不足在九月撤兵。而随着抚顺等地的接连沦陷，明神宗决定向辽东增援。此时粮饷的匮乏使得军队不能立即行动，明神宗随即加派饷银二百万两，并从他省抽调兵力支援辽东。辽东战争每年需银四百余万两，明神宗朱翊钧为了应付这笔庞大的军费，从万历四十六年（1618）九月起，先后三次下令加派全国田赋，时称"辽饷"。

万历四十七年（1619）三月，努尔哈赤领导下的后金在萨尔浒向进攻辽东的明军发起反击，明军四路大军，三路全军覆没。萨尔浒之战以后金全胜、明军大败而结束。

在战乱和加征赋税的背景下，明朝人民负担非常重，苛捐杂税多如牛毛。更糟糕的是，豪绅与当地官员相互勾结,想方设法将土地税转嫁给贫苦民众,并以高利贷为手段进行剥削。在这样的剥削和压迫之下,大量的农民无法生活,只好逃到别处去,官府就采取残酷的手段,强迫那些还没有逃走的人继续缴纳各种各样的赋税。此举激起了百姓的强烈不满,纷纷投入反对明朝的起义之中。

宋应星针对民穷财尽的问题,直接指出了财政、税收等经济政策的不合理之处,同时他提出了革新的措施和积累财富的方法,主张通过劳动创造财富,发展农工商增加财富,开源节流以积累财富。他在《野议·民财议》中写道:"夫财者,天生地宜,人功运旋而出也。"这句话的意思是,所有的财富都来自自然,只有通过人类的劳动和开发才能变成财富。这深刻反映了宋应星非常重视劳动生产活动。

除了强调生产劳动能够创造财富,宋应星也十分重视科技的发展。他认为,所有的物质都来自大自然,但它们并不能自然而然地转化为人们所希望拥有的财富,只有通过人的劳动生产的技术,才能将物质转化为社会经济中的财富。

在宋应星看来,明代后期,社会缺少的不是商品流通中的钱币,而是最基本的农产品,如木材、谷物等。有了这些商品,黄金和白银自然也就跟着来了,这样一来,那些富有的商人就会来这里交易,所以才会出现大量的钱币。而金银珠宝固然宝贵,却不能用来充饥。唯有重视工农业和商业,才能生产出丰富的商品,而这一切,都是人民生活的必需品,也是社会最基础的财富。

首先,在农业生产方面,宋应星认为,为减轻农民的负担,不要再收取他们以前所欠的税款,而是从当天开始计算税收的数额。宋应星之所以主张这样做,一是由于农民拥有的财产是有限度的,不宜多收。二是因为农民在面对土地兼并和苛捐杂税的同时,还要承担高利贷压力,这也是造成农民不能安心于生产的重要因素。

其次,宋应星强调重视商业的发展,他认为商业的发展是十分必要的。在历史长河中,历朝历代的封建统治者施行重农抑商的政策,导致商业的发

展始终受到国家政策的制约。也正是在重农抑商政策的影响下,商业一直萎靡不振。宋应星认为,商业发展是国家税收政策中最重要的一方面。所以在此基础上,必须对相关的盐政政策进行改革,取缔一切重复收税的关卡,预防发生重复收税的行为;此外,盐商缴纳了一次税之后,以后就不能再对其收税了。如此,盐商便能参与经济红利的分配,得到相应的利润。从而使得社会的财富能不断积累,国库也会变得更加充盈。

最后，在"节流"方面，宋应星认为节流实施的重点对象应该是朝廷，朝廷必须以身作则，先由朝廷落实之后，再逐步贯彻到地方。宋应星认为，皇家必须带头节省。例如，地方每年向朝廷进贡几百万两白银的门帘和窗帘。其实，皇宫每年有10万两白银的门帘、窗帘就够了。因为布匹材料并不是消耗品，完全可以实现可持续性的重复使用，地方没必要如此浪费。同时也不能该省的不省，不该省的反而减去。比如，朝廷裁减一名教官，省下的俸禄就只能养一匹军马；又如，内府如果能够省吃俭用，日常生活做到不铺张浪费，那就可以省下数以万计的黄金白银。

练兵筹饷　改良军政

明朝末年，在朝廷政治腐败的影响下，军队的作风也日益不堪。由于边疆战事的不断升级，战乱频繁，粮饷匮乏。恶劣的环境之下，基层的官兵又冷又饿，生活几乎陷入困境。但是，在这种危急的情况下，那些靠世袭和贿赂上位的将领和军官，却靠侵吞粮食和军饷过着骄奢淫逸的生活。而且，他们挖空心思地巴结上级，千方百计地向军部行贿以求升官。

宋应星在《野议》一书中便斥责明朝的将军和军官对待战事消极怠慢，没有上进心。他们就连杀死两名敌人，缴获敌人一匹马和三支弓箭这种小事，也能毫不羞愧地向朝廷邀功请赏。而随着军队将军和军官的腐化堕落，军风和军纪逐渐败坏，上行下效，将军手下的士兵们也开始败坏军队纪律，行为作风日渐残暴贪婪。根据相关史料记载，有些士兵用收集粮食作为借口，杀害当地的无辜百姓；有的士兵劫掠商人；有的士兵则闯入民宅抢劫百姓钱财；

更有甚者强暴妇女，放火烧屋，他们甚至还砍下百姓的头颅冒充敌人首级用来讨赏。

宋应星在《野议·军饷》中谈到了用兵、练兵及筹措军饷的方法，并揭露了军政上的弊病。虽然此时的宋应星担任的是文官，但他对军事的看法却有自己独到的见解。首先，他呼吁军垦屯田养兵，并改革相应的管理模式，以此减轻百姓负担，进而改善军民关系；其次，他认为用兵的关键就在于科学合理地选拔品行兼优的良将；再次，他指出武器很重要，但不能迷信武器，决定战争胜负的第一要素是人。

养兵方面 宋应星提出军队应该自己屯田，他主张军队要自力更生，要有自己的生产，要有自保的本领。为保证该措施的实施，他还提出了相应的实施原则：首先，军队的领导干部要以身作则，带头参加劳动生产，并建立相应的奖惩制度。其次，军队应从那些对农业生产有很深造诣的老农户那里学习农事经验，之后再给这些农户一个"百户"的称号，让这些农户负责指导农业生产活动。同时，军队农田以五十亩为单位划分为一个个区域，每个区域由十个人共同耕种。最后，军队应在房子的两侧和山坡上都种上瓜果和蔬菜，不能留有空地。

宋应星相信，军队通过实施屯田可以让军中的粮食实现自给自足，既能练兵又能种庄稼，还能解决军费的巨大问题，一举三得。宋应星还强调，各级军官和将士要廉洁奉公，不贪污受贿，以身作则，不能视军田为私人所有物，也不能为了个人利益而欺压官兵，否则，一经查实，将受到严惩。

练兵方面　宋应星认为，练兵的关键在于选拔良将。明末战乱频繁，官军屡败，其根本原因是军官腐败，贪财惜命。这些军官在带领军队时无勇无谋，而朝廷又不能正确地识别和提拔将才，反而对这些昏庸糊涂的军官委以重任，致使整个军队风气腐朽糜烂，不战先败。

宋应星提倡，在军队中，也就是在基层士兵中，选拔有才干且品德优秀的将领。对带领士兵的将军和军官进行公平公正的面试，通过面试来考察他们的行为举止是否符合担任将领的标准。在宋应星看来，优秀的将领必定能在军队中起到良好的示范作用。在一支队伍中，领兵打仗的将军若有满腔的热

血,那么这支队伍的士气和战斗力肯定是饱满的;如果将领在指挥战事时胆小怕事,贪生怕死,那么士兵也会变得懦弱无能,失去战斗力,遇到敌人就会溃不成军;如果这支队伍的将领有爱国报国的毅力和才干,那么他所带领的士兵也一定能成为精忠报国之才。

兵器方面 宋应星虽然强调武器的作用,但他认为不能过于依赖武器。他在结合历史和实践的基

础之上，积极评价武器在战争中的重要意义。此外，宋应星也注意到发挥"人"的主观能动性对夺取战争胜利的重要性。根据史料记载，在战乱频繁的明末，参与战争的明军人数与清军和农民起义军相比，最多时高出了几倍，而且当时的明军还拥有火炮等更为先进的武器，但最终的结果却是明军在战争中节节败退，屡战屡败。究其根本，其实就在于缺乏士气。

在《士气议》和《练兵议》中，宋应星指出，将士们在战争中应当保持高昂的士气，将领则要用旺盛的斗志来鼓舞和振奋军心，只有这样才能极大地鼓足士气并提升部队的战斗力。如果交战双方的人数和武器都差不多，那么哪方的士气更加高涨就会获得战争的胜利。相反，如果军队没有赢得胜利的信心，士气萎靡，那么就算拥有再先进的武器也无济于事，不能挽救国家败亡的命运。

宋应星认为，武器装备是决定战争胜负的关键因素之一。他主张军队的将士们需要密切关注使用兵器的技巧，同时还要学习和掌握相应的原理。他在《天工开物·佳兵》中记载了十几种兵器的制作方法。其中，他详细地描述了弓箭的制造方法以及各种火药的配方和制作工序，同时还描述了制造火药的原料——硫黄、硝石的提炼和生产的方法，这些都在一定程度上体现了宋应星对武器的重视。

应该说，宋应星的改革思想有一定的意义。针对吏政、学政的问题，他针砭时弊，提出了自己的改良思想，对新时代中国式现代化建设而言，依然有一定的参考价值。

古人测弓法

矫正箭杆

烧取硫黄

六 衣食之源 养农利工

农业历来是国家之本、衣食之源。农业的发展不仅关系到百姓温饱,还关系到农村经济的繁荣和社会的稳定。因此,必须重视农业的发展,提高农业生产效率。同时,古代手工业是城市经济的主要支柱,也是国家财政收入的重要来源。手工业的发展不仅可以提高人们的生活水平,还可以促进商业和贸易的繁荣。《天工开物》的上卷详细记载的各项农业技术,如:谷物豆麻的栽培和加工方法,蚕丝棉苎的纺织和染色技术,以及制盐、制糖工艺,皆对后世产生了深远影响。

乃粒粹精　民食为天

民以食为天，古代重农抑商，尤为重视粮食生产。然而，由于当时生产技术和方法的局限，饥荒和粮食短缺问题屡见不鲜。为解决这些问题，古人不断探索和实践，采取了一系列措施来提高粮食产量，如精选种子、把握播种时机、科学施肥、精细灌溉等。这些努力使得粮食产量逐渐提升，为社会稳定奠定了坚实基础。此外，古人对于粮食的储存、保管及加工也极为重视。他们利用石磨、石碾、木砻等工具，对粮食进行精细加工，提高了粮食的利用率和营养价值。这些技术和方法在《天工开物》上卷中得到了详细记载，为我们了解古代粮食生产和加工技术提供了宝贵资料。

科学种植　宋应星的《天工开物》上卷详细记录了我国丰富的农业生产历史和实践经验，涵盖了粮食作物如水稻、小麦、黍、稷、豆类的种植技术。书中强调了因地制宜、合理施肥、适时播种和灌溉的重要性，并提供了防治病虫害的方法。这些技术在当时已相当成熟，为后世农业生产提供了宝贵经验。其中，对水稻的品种、穗形、米色及栽培方法均有深入探讨，在施肥经验方面也有独到见解，如南方使用绿豆粉浆水或黄豆作为肥料，北方采用"砒霜拌种子"防虫害。此外，书中还归纳了多种改良土壤的方法，如使用骨灰磷肥，这也是我国使用磷肥的最早记录。这些内容展示了三百多年前我国

水稻耕作技术的先进性，部分方法至今仍在实际生产中得到应用。同时，本卷也详细记载了各地农作物的种类及其特性，为植物学研究者提供了宝贵资料。书中深入探讨了土壤、气候、栽培方法对作物品种变异的深远影响，如水稻品种因环境变化衍生出旱稻，大麦品种粒型随土壤差异变化等，宋应星认为农作物需通过人工进行培育。这一观点反映了生物与环境之间的密切互动关系以及人类对于生物多样性的干预和影响。这些见解对今天的育种工作及农业发展仍具有深远的指导意义。

糯稻

粳稻

精细加工 自古以来，粮食作为人类生存的基础，一直是文明发展的重要支柱。随着人类智慧的积累，对粮食的加工技术也逐渐精湛。宋应星在《天工开物》上卷便对粮食的加工技术进行了详细介绍。书中首先介绍了水稻的初步处理，包括收割、晒干、脱粒等步骤，比如，他强调了每一步骤的重要性，并指出了在处理过程中可能出现的问题和解

农民用风车扇去秕谷

农民用木砻去掉谷壳

决方法。这些细致入微的描述，使我们能够深入了解古人如何确保粮食的质量和产量。接下来，更是详细描述了粮食的精加工过程，包括淘洗、筛选、碾磨等环节，书中对于碾磨过程中的力度和次数的控制，以及筛选和淘洗时的注意事项等都有详细记录；书中特别强调了加工过程中的卫生和质量控制，如去除杂质、保持干燥等，以确保粮食的安全和口感。书中详细描述了如何通过扬簸、碾磨等工序将谷物去壳、加工成米和面。这些工序对于古人来说，既是日常生活的必须，也是他们对自然、对生命的深刻理解和敬畏的体现。通过这些工序，人们不仅能够获得更纯净、更美味的粮食，还能在过程中体验到人与自然的和谐共生。这些工序更体现了他们对粮食的敬重和珍惜。

运输保存 《天工开物》的上卷，不仅详尽地记载了粮食的生产和加工过程，更对粮食的储存和运输进行了深入的探讨。在粮食储存方面，《天工开物》详细介绍了各种储存粮食的方法和设施，如粮

科学巨星 KEXUE JUXING
宋应星画传 SONG YINGXING HUAZHUAN

仓、粮窖等。这些设施的设计充分考虑了粮食的特性和储存环境的需求，以确保粮食在储存过程中能够保持干燥、防止虫害和霉变。同时，书中还提出了许多实用的措施，如定期翻动粮食，使用草木灰等天然防虫剂，保持储存环境的清洁和通风等，这些都是确保粮食长期储存质量的关键。

在粮食运输方面，《天工开物》同样记载了许多有益的建议。古代粮食运输多依赖水路和陆路，选

择合适的运输工具至关重要。书中提到，木船和马车是当时主要的运输工具，但在选择和使用这些工具时，需要注意避免粮食在运输过程中的破损和污染。例如，木船运输时，要确保船舱干燥、无漏洞，并在船舱底部铺设防潮材料；马车运输时，则需要注意车厢的清洁和干燥，以及马车的行驶速度和稳定性，避免粮食在运输过程中受到颠簸和摩擦。这些经验和智慧不仅对于古代粮食储存和运输的发展有着重要的推动作用，也为我们今天的粮食储存和运输提供了有益的借鉴和启示。在现代社会，随着科技的不断进步和粮食储存、运输方式的不断创新，我们仍然需要保持对粮食储存和运输的重视和研究，以确保粮食的安全和稳定供应。

膏液盐糖　日常必需

盐与糖，这两种我们熟知的日常调味品，它们不仅可以提升食物口感，更是维持人体健康的必需品。据《天工开物》上卷所述，人类若连续十日不摄入盐分，就会头晕、乏力，这足以证明盐自古以来在人类生活中的重要地位。盐的来源和种类极为丰富，主要可划分为海盐、池盐、井盐、土盐等。糖作为能量供应物，是人体维持正常生理功能的关键要素之一。宋应星在《天工开物》中详细阐述了甘蔗的种植、糖的制造以及养蜂的技术。其中，糖的制造涵盖了冰糖、白糖和红糖等常见品种。

海盐制取　盐的来源和提取方式各不相同，既有通过人工提炼获得的，也有天然生成的。以海盐为例，其制取方法就存在多种。一是在海岸高地围地制盐，在围好的地上撒上一层厚厚的稻、麦秆灰及芦苇、茅草灰，然后压紧整平。次日清晨，地下湿气和露气经太阳照射后，会吸附在草灰上形成盐

海盐制取示意图

霜。然后，人们就可以将灰和盐霜扫起来，淋洗和煎炼了。二是在潮水较浅的地方晒盐，无须撒灰，待潮水退去后，即可晒出盐霜。三是在海潮淹没的地方挖掘深坑，上覆竹木和苇席，再铺上沙子。当海潮淹没深坑时，卤气会通过沙子渗入坑内，撤去沙子和苇席后，用灯火检验卤气的浓度，当灯火能被卤气冲灭时，即可提取卤水进行煎炼。

池盐制取 池盐，自古以来就在中国的宁夏和山西两地扎根生长，为边远地区和山西、河南的郡县提供了源源不断的食用盐。每到春季人们就要开始引池水制盐了，到了夏秋交替之际，当南风猛烈吹拂之时，池水竟能在一夜之间凝结成盐。在广东海丰和河北深州地区，人们将海水引入池内晒盐，凝结后直接捞取食用，无须进一步加工，这与山西解池所产盐相似。

井盐制取 井盐的制取过程充满了艰辛与智慧。这种食盐的制取多依赖于深井，井的深度因地域和

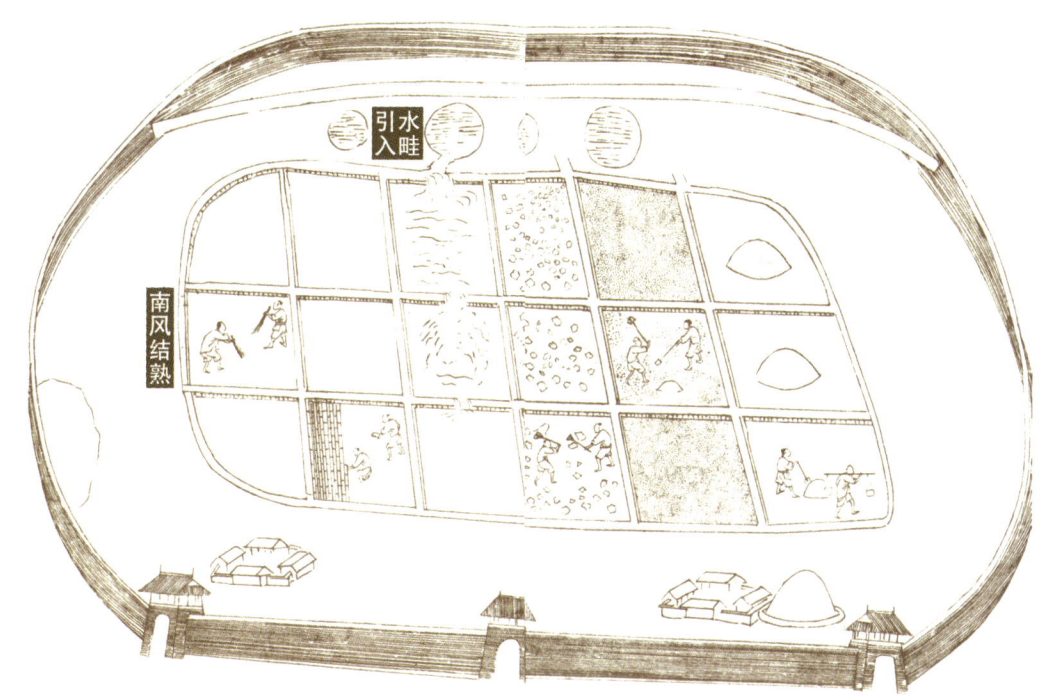

池盐制取示意图

地质条件的不同而有所差异，有的深达数十丈，有的则仅有数尺之深。每一口井都仿佛是一座地下宝藏，蕴藏着丰富的卤水资源，等待着人们的开采。在制取井盐的过程中，人们需在井口设置专门的汲卤器具，提取上来的卤水并不能直接作为食盐使用，还需要经过煎熬的过程。虽然制取井盐的过程艰辛，但井盐的品质非常高。由于其独特的制取工艺和地下卤水的天然纯净，井盐往往具有更高的纯度和更丰富的矿物质含量。这些优点使得井盐在市场上备受欢迎，成为广大消费者喜爱的食盐品种之一。

土盐制取 土盐主要产于我国西北边陲的干燥气候地区。由于独特的地理环境和气候条件，这些地区土壤中的盐分得以丰富积累。在这片广袤的土地上，人们通过世代相传的方法，利用大自然的恩赐，制取这份珍贵的调味品。制取土盐的过程虽然简单，但充满了劳动人民的智慧。人们只需刮去地表的一层泥土，露出下面富含盐分的土壤。随后，利用阳光将含盐土壤晒干，使其中的水分蒸发，盐分逐渐析出。晒干后的土壤被破碎成小块，再通过筛网筛去泥土和杂质，最终得到纯净的土盐。尽管土盐制取过程简单，但由于其含有较多的杂质，其口感和品质相对较差。因此，土盐在日常生活中的用途相对有限，多用于畜牧业的饲养。在畜牧业中，土盐作为一种天然的矿物质补充剂，可以提高牲畜的食欲，促进牲畜的生长发育。

甘蔗种植 《天工开物》中记载的甘蔗种植的品种主要是荻蔗，也称糖蔗，是白砂糖和红砂糖的主要来源，它的种植方法非常讲究。在种植时间的选择上,古人选择在快要结霜的时候进行,去掉荻蔗的头和根部,将其埋在泥土里。等到第二年"雨水"节气的前后,再将其挖出来,挖出荻蔗后,接下来的步骤是剥去叶子,将每段砍成五六寸长。然后,将这些蔗节紧密地排列在地上,稍微覆盖一些泥土。这样的种植方法,不仅有利于荻蔗的生长,还能有效防止病虫害的侵袭;除了种植方法必须精细,栽种荻蔗的土壤的选择也是非常重要的。古人发现,沙壤土或靠近江河边的沙洲土是最适合种植荻蔗的土壤,相比之下,黄泥土则不适合种植荻蔗,因为其透气性差、排水不良,容易导致荻蔗生长受阻。

制糖工具 制糖的过程主要分为榨取糖浆和熬糖两步。榨取糖浆离不开"糖车"。该设备由两块平行设置的横板组成,横板两端分别固定有立柱。立柱的上端突出于上横板之上,而下端则穿过下横板并在地基中固定。上横板中央装有两个孔洞,内置两根分别长约三尺和四尺五寸的坚固木轴。这两根木轴通过精密的接合,确保了其连接处的严丝合缝。

甘蔗被放置于这两根木轴之间，通过反复挤压，甘蔗汁被彻底提取出来，而剩下的蔗渣则可以作为燃料使用。下横板负责支撑木轴，并通过预设的凿孔将其固定，以防止穿透，同时收集挤压出的蔗汁。轴的下方装有铁条和锭子，以增强转动的稳定性。榨取出的蔗汁通过预设的槽道被引导至糖缸中，每石蔗汁需要加入适量的石灰进行沉淀。

糖车

在糖的熬制阶段，需要用到三口铁锅。首先，将浓度较高的蔗汁集中在第一口锅中，随后逐渐将浓度较低的蔗汁加入第二和第三口锅中。熬糖过程中的关键是火力的控制。如果火力不足，糖浆将无法熬制成砂结晶，而是变成黏胶状，糖浆中充满泡沫却无法形成实际的砂糖。

熬糖

洋糖制取 洋糖是蔗糖的一种。在福建和广东地区，人们会选用冬季成熟的甘蔗，经过精心挑选后，用传统方法榨取糖汁，熬至细珠状后，工匠需测试其黏性，合格后便可静待糖浆凝结成黑色糖膏。然后，将特制瓦溜置于糖缸上方。这种瓦溜一般上宽下尖，底部留有小孔。人们会先用草将小孔塞住，把糖膏倒入瓦溜中，等到糖膏凝固后，除去塞在小孔中的草，从上面淋入黄泥浆，黑色糖浆会被淋进缸里，而留在瓦溜中的就全是白糖了。白糖中洁白无瑕的部分被称为"洋糖"，稍带黄褐色的部分则品质稍差。制作冰糖时，需将上层白糖加热至溶化，用鸡蛋清澄清处理，去除浮渣，再加入青竹片就能凝结成冰糖。制作狮糖、象糖等造型糖时可根据需求选择不同精细程度的糖。白糖品质分为五个等级，其中"石山"最高，"沙脚"最低。

蜂蜜制取 蜜蜂在酿造蜂蜜前首先得制作蜜脾，它的样子像一排排直立的马毛。蜜蜂们吸取花汁，逐渐地吐出一滴又一滴的蜜液，最终积累成蜂蜜。

在提取蜜脾和炼制蜂蜜时，我们会看到蜜脾底部还有许多黄色的蜂蜡。在深山峭壁之间，有些蜜脾很多年都没被提取，它们已经自行成熟。当地居民会用长竹竿刺破蜜脾，蜂蜜便会流出。而那些制作时间不满一年、仍可摘下的蜜脾，其加工和炼制方式与家养蜜蜂产的蜜相同。

野蜂的蜂巢

乃服彰施　匠心凝就

《天工开物》的上卷详尽地介绍了衣物原料的来源、加工方法以及植物染料的染色技术。其中涵盖了养蚕技术、制丝方法以及各类织物的制作流程。书中细致入微地描述了养蚕制丝的过程，包括桑叶的选择标准、蚕舍的构建方式、蚕的饲养管理等。同时，还详细阐释了如何将蚕茧转化为丝线，并进一步加工成各种质地和色彩的布料。这种对生产流程的精细刻画，不仅展现了衣物制作的技术细节，更彰显了宋应星对人类文明成果的敬畏与尊重。

原料来源　中国古代的衣物原料来源十分广泛，植物类的主要有棉、麻、葛等原材料，动物类的则以皮、毛、丝等为主。在众多的衣物原料中，丝绸尤为引人瞩目。作为中国古代的重要发明之一，丝绸的制作过程复杂且讲究，养蚕是制作丝绸的第一步，而养蚕的过程本身便是一门学问。《天工开物》上卷中关于古代衣物原料来源的描述，亦主要侧重

蚕农采摘桑叶喂蚕

于养蚕制丝的过程。从选取蚕种、处理到选用装蚕种的纸,每一个环节都充满了智慧与匠心。如装蚕种的纸需用四根竹棍或者木棍做成的方架挂在高高的通风避光的梁枋上。同时,还要避免油烟、煤烟气等有害气体对蚕种的侵害。在冬季,还需特别注意避免雪光映照,以免对蚕种产生不良影响。浸浴蚕种也有三种不同方法,切忌弄混。例如,不能将天露浴的蚕种放到盐卤水中进行盐浴,因为这样的处理会损害蚕种的活性,影响后续的养蚕效果。这些细节都体现了古人对养蚕技术的深入研究。

衣物制作　《天工开物》作为中国古代科技文化的瑰宝,详尽地记载了众多手工艺品的制作过程,其中关于衣物的制作尤其详细,从皇家御用的龙袍,到寻常百姓的布衣，均做了详细论述。龙袍的制作堪称工艺之巅峰。为制作上供给皇帝用的龙袍，明朝在苏州和杭州两地设有织染局。光是织龙袍的花

楼就高达一丈五尺，需由两个技术精湛的织造能手同时操作，龙袍上的龙纹刺绣更是需要精湛的刺绣技艺和极高的耐心，才能绣出栩栩如生的龙形。相比龙袍，布衣的制作则更为朴素。布衣采用棉麻等天然材料制成，透气性好，适合日常穿着。其制作过程相对简单，主要有纺纱、织布、裁剪、缝制等步骤。虽然工艺不复杂，但每一步都需要精心操作，才能制作出舒适耐穿的布衣。裘和毡则是利用动物皮毛制作而成的衣物，贵重的如貂皮、狐皮，最便宜的为羊皮、鹿皮，价格的等级可分上百种。裘是由动物的毛皮经过鞣制、裁剪、缝制等工艺制成，保暖性能极佳，是古代贵族冬季的御寒之物。而毡则是将动物毛发或纤维经过擀制、压缩等工艺制成，质地厚实，同样具有很好的保暖效果。

染料制作　《天工开物》不仅深入探讨了衣物的制作技术，还详细记载了染料颜色的制作技艺。书中对染料的来源、提取以及应用进行了详尽的阐述，使得读者能够了解并掌握从自然界中提取丰富色彩的方法。在染料颜色的制作部分，《天工开物》首先提到了各种天然植物、矿物和动物，这些都是染料的主要来源。例如，红色染料可以从茜草、苏木等植物中提取；蓝色染料则来源于茶蓝、蓼蓝等植物；黄色染料多从黄柏、栀子、姜黄等植物中提取。书中还介绍了如何通过浸泡、煮沸、发酵等工艺，将这些天然材料转化为色彩鲜艳的染料。在染料颜色的应用方面，《天工开物》详细描述了如何将染料应用于各种纤维上，包括丝绸、棉布、麻布等。

茜草

蓼蓝

姜黄

扎染

书中提到了不同的染色工艺,如浸染、刷染、扎染等,这些工艺都能够使衣物呈现出丰富多样的色彩。同时,书中还强调了染色过程中的温度、时间、染料浓度等因素对染色效果的影响,使得读者能够掌握染色技术的关键要点。

通过深入了解《天工开物》中对农业、手工业技术的描述,我们不难发现,古人的智慧与技艺已经达到了令人惊叹的高度。在农业方面,书中详细记载了从农田的选址、耕作技术的运用,到农作物的种植、收割等全过程。这不仅体现了古代农业生产的精湛技艺,也为我们提供了宝贵的农业文化遗产;在手工业方面,《天工开物》更是展现了独具匠心的先进技术和"工开于人"的造物文化。

跟着古人去养蚕

❶ 浴种　把带蚕卵的纸放在石灰水里浸泡，12天后用微火烘干，收进盒子里，清明节时取出孵化。
❷ 下蚕　谷雨前后，幼蚕破卵而出，细小如蚂蚁。收蚁蚕时用鹅毛轻拂蚕纸，让它们爬到蚕匾上。
❸ 喂蚕　蚁蚕要喂嫩叶并且嫩叶要切成细丝状。
❹ 蚕眠　四五天后蚁蚕开始入睡，之后会马上蜕皮。蚕的一生中要经历四次蜕皮。
❺ 分箔　与幼蚕相比，此时的蚕已经长大了许多，生活空间开始变得狭窄，要进行分箔。
❻ 采桑　要采集新鲜的嫩桑叶喂养小蚕，同时要及时打扫卫生，保持清洁。
❼ 大起　蚕渐渐长大，开始拼命地吃桑叶。喂养时要薄饲勤添，保证其成长。
❽ 捉绩　捉走老蚕，因为此时有些蚕已经老熟，食量减少，无须再大量采桑。
❾ 上蔟　蚕长到临近吐丝时要事先准备好蔟具，熟蚕会自己爬到蔟上然后吐丝结茧。
❿ 炙箔　上蔟期间保持25℃左右温度，需要用炭火来烘烤蚕箔。
⓫ 下蔟　蚕农把蚕茧从蔟上收集起来。
⓬ 择茧　采下的茧要分类，防止烂茧污染好茧。
⓭ 窖茧　贮藏蚕茧多用盐泡和日曝，贮茧时间不宜很长，十天左右即可。

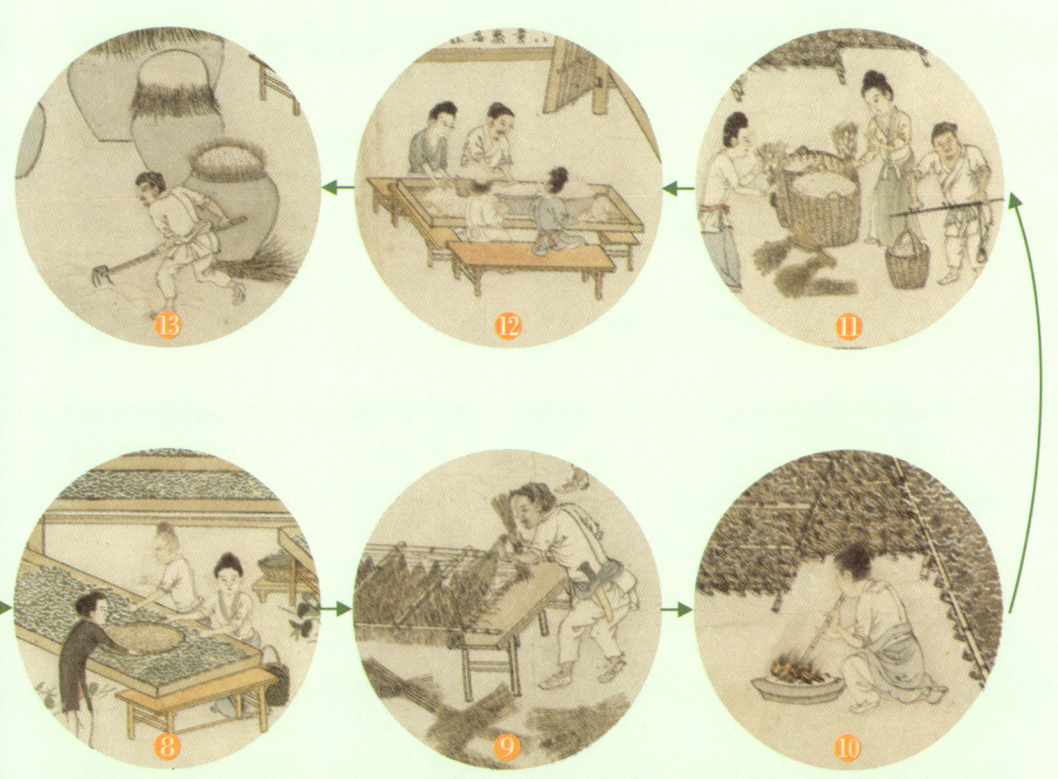

131

如何缫丝、织帛

❶

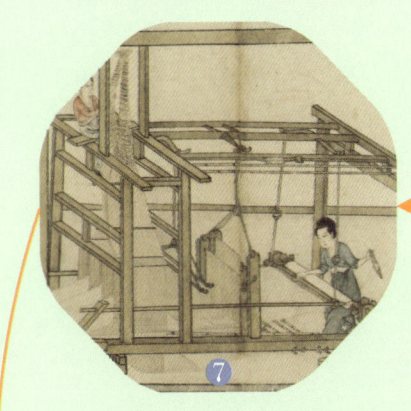
❼

❻

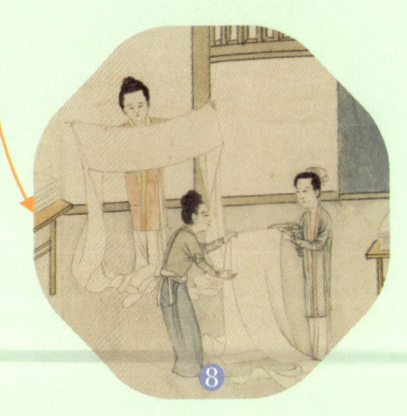
❽

❶ **缫丝** 将水烧开后把蚕茧全部扔进去，然后用几根筷子按照一定的方向在锅里边搅动。用筷子头撩起丝头，再将几根丝绾在一起就可以开缫了。

❷ **蚕蛾** 蚕农会留下一部分蚕茧，让蚕蛹孵化成蚕蛾，交配后产卵以保留蚕种。

❸ **络丝** 丝绪整理出来后，把丝套在络笃上。络笃旁边的立柱上安放一根小竹竿上面装一个月牙钩，丝悬在钩内，手拿篗（yuè）子旋转绕丝，以备牵经织纬时用。

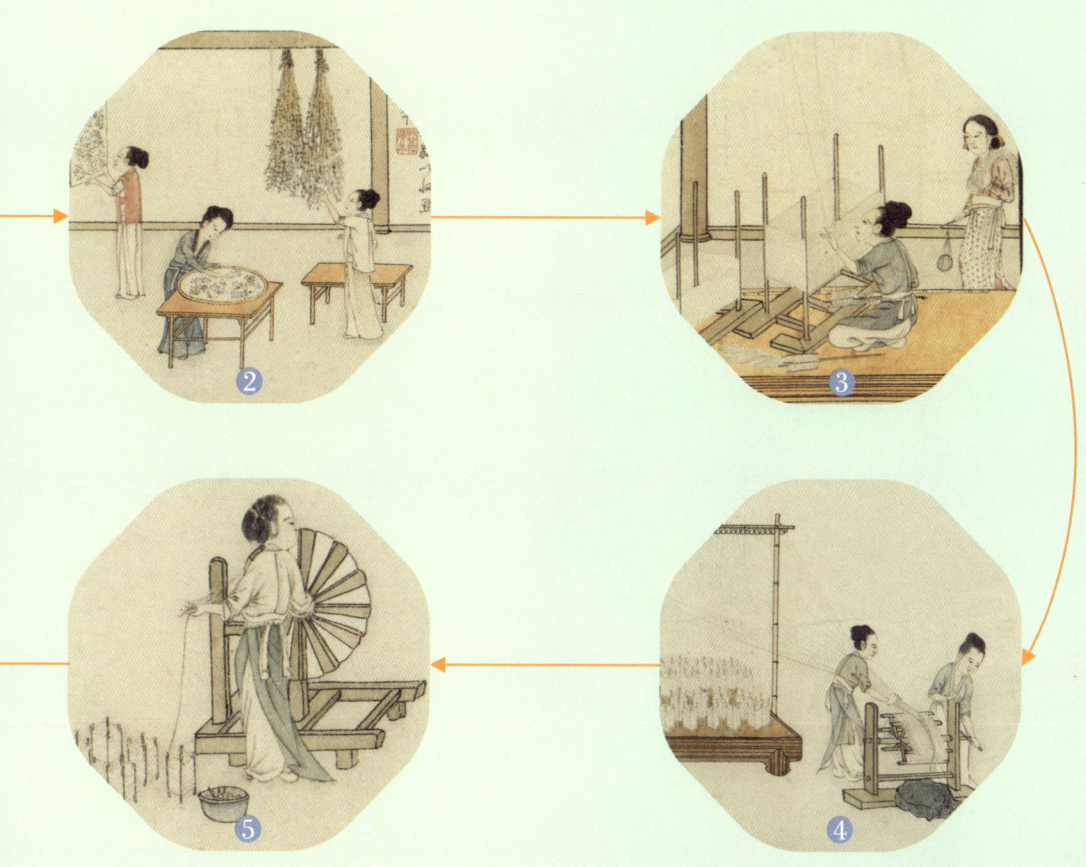

❹ **整经** 将籰子上的丝按需要的长度和幅度平行排列着卷绕在经轴上。整经用的工具叫作经架或纼（zhèn）床，整经形式分为耙式和轴架式。

❺ **纬络** 绕到大关车上的丝，先用水淋湿浸透，然后摇动大关车转锭将丝缠绕于竹管之上。

❻ **织造** 将整理好的经线和纬线放在织机上进行编织，得到想要的长度和宽度的丝织物。

❼ **提花** 用提花机将经线、纬线交错组成凹凸的花纹。这项技术是我们中国人发明的呢。

❽ **剪帛** 将织好的纺织物按照需要的大小裁剪成块，以便做成衣物。

七 古法技术 独具匠心

培根、伏尔泰和马克思等思想家高度评价我国的四大发明对世界历史进程的影响。其实,我国古代的重要发明创造远不止火药、指南针、印刷术、造纸术。《天工开物》这部明代科学巨著,除了介绍了农业、手工业、矿冶业的生产技术,还介绍了文化用品、交通工具和武器装备等发明创造。它们当中的大部分,其实并没有远去,而是成为我国非物质文化遗产,经过传承与创新,至今我们仍在使用。

火工工艺 五金日用

火工工艺 宋应星致力于火药的研究,并在《天工开物》一书中进行了详细的记载。他描述了火药的配方和制造过程,包括硝石、炭、硫等原料的比例和炼制方式。他在书中还记录了火药的用途,对火药的效果做了精准的描述,这对于当时火药的生产和使用有较大的参考价值。此外,宋应星提出了一种用火器测试火药品质的方法——通过观察火器击发时的声音、光亮等特点来判断火药的品质。他还研究了火器的射程和精确度,通过改进火器的口径和装药量,使其射程更远、命中率更高。

宋应星的研究不只停留在火药的制造和使用方面,他还对火药的性质和原理进行了深入的探究。他通过实验和观察,总结了火药在燃烧过程中的变化规律,并提出了对火药爆炸和燃烧现象的合理解释,为火药的研究和改进提供了科学的依据。

在朋友涂绍煃(1582—1645)任职的地方,宋应星又学到了火器研制之法,特别是学到了西洋的

"红夷大炮"的制法。宋应星在《天工开物》一书中介绍了许多红夷大炮的关键技术,如对铸炮材料的选择、铸造工艺的改进以及炮管形状和炮弹制造等方面的探究。他着重强调了炮口直径、炮弹尺寸和药量的配合,以及装填速度和瞄准精度等因素对于炮击效果的影响。此外,宋应星还强调了红夷大炮的操作方法以及战术应用。他提出了使用红夷大炮配合步兵的策略,强调了火炮的阵地选择和瞄准技巧等。这些对于火炮的战术应用的研究也对红夷大炮在实战中发挥效果起到了积极的推动作用。他的研究不仅促进了红夷大炮在性能和射击精度方面的提升,对于火炮工艺的改善和制造工艺的发展也做出了重要的贡献。

五金日用 在《天工开物·五金》中,宋应星分别介绍了金、银、铜、铁、锡、铅等金属,他摒弃世俗观点,提出金属不分贵贱,它们在人类的生活中各司其职。不仅如此,宋应星作为科学家,率先对锌和铜锌(即黄铜)进行了详尽的论述。他将黄铜定义为一种铜和锌的合金,并描述了它的成分和性质，还在其著作中首次系统记录了锌和铜锌的冶炼方法。这一成就是我国古代冶金史的重要里程碑，也是世界上最早的关于炼锌技术的记载，对全球金属冶炼技术的发展也产生了深远的影响。

日常生活中常见的器物，如瓦、砖、白瓷等都包含大量的锌元素。《天工开物》中记载，有几个地方的土适合烧制白瓷：北为真定、定州、禹州，南为泉郡德化等地，这些地方的土都不如江西饶郡的，这也是江西景德镇的瓷器出名的原因。

熔炼"倭铅"（锌）示意图

宋应星还在书中对制作各种日常物品所需的金属器具和工具进行了详细地讲解。例如，他介绍了凿子、刨子、刀具等的制作方法，以及如何运用这些工具进行木工、石工和金属加工等工作。宋应星还提到了铜锡合金器具的制作。他详细介绍了铜和锡的合金比例，以及制作铜锡器具的工艺流程。他

趁热打铁

还比较了不同材料和合金的优缺点，为人们选择适合的器具提供了参考。并且，他还详尽描述了铜质日用品的制作和使用，介绍了铜制锅、酒瓶等的制作方法和使用技巧。他详细讲述了铜质日用品的保养和修理方法，指导人们有效地使用和维护这些器具。

此外，宋应星还测量了金、银、铜这三种金属的重量。他发现，假设铜每立方寸重一两，则银每立方寸重一两三钱；假设银每立方寸重一两，则金每立方寸重一两二钱。这时的宋应星已经具有比重（密度）的概念，体现了他重实验和重数据的思想。

杀青丹青　文房之宝

文房四宝之名，起源于南北朝时期，乃中国所独有的书画之工具，特指笔、墨、纸、砚四种器物。这四种工具在中国传统文化中，占据举足轻重的地位，是书法和绘画艺术不可或缺之物。其中的纸和墨更是在古代文人墨客的日常生活中扮演着至关重要的角色。宋应星在《天工开物》"杀青"和"丹青"两个章节中记载了纸和墨的生产过程。

纸　作为片状纤维制品的纸，是中国古代劳动人民在长期实践中积累的经验与智慧的结晶。它被广泛用于书写、印刷、绘画及包装等多个领域，不仅体现了中国古代科技的卓越成就，也为世界文明的传承与发展做出了重要贡献。宋应星在《天工开物·杀青》中记载了中国传统手工竹纸的生产过程。其中有一道工序是这样的：将嫩竹截成五到七尺一段，用竹筧引水，将竹子浸泡一百多天后取出并用棒槌敲打，洗去它的粗壳与青皮，把竹子放在火上烤干，这道工序被称为"杀青"或者"汗青"。古人著书写在竹简上，为了便于书写和防止虫蛀，先把青竹简用火烤干水分，这一个步骤也称为"杀青"，后来泛指著作定稿。汉代的时候，由于纸张的发明，"杀青"又被赋予另一层含义——"造纸"。《天工开物·杀青》的章节名由此而来。

造纸

墨 《天工开物·丹青》中提到的墨是由松烟或炭黑混合胶质调和而成的。宋应星在这一章节阐述了墨的原料采集、研磨和加工工艺，以及不同种类墨的特点和用途，并在最后提及其他有关墨的详细知识需要到《墨经》和《墨谱》中查询。在墨的制作方面，宋应星提出了许多改进和创新的方法。他改进了墨的研磨技术，使墨汁更加细腻均匀。同时，他还研究了墨的保存方法，以保持墨的颜色和

收取松烟

把松烟与胶调和后
再用锤子不停敲打

质量。宋应星对墨的应用进行了深入的研究，指出墨在书写、绘画和印刷等方面的重要性。他研究了墨在不同纸张上的渗透和固定性能，提出了一些使用墨的技巧和注意事项。此外，他还研究了用墨制作印章的技术，提出了制作印章的原则和方法。宋应星对墨的研究推动了墨的制作工艺的发展，并对中国书画艺术的发展有着深远影响。他的成就不仅是在科学上，更是对于传统文化的继承与发扬。宋应星的研究为后人提供了重要的技术和理论基础，对于墨的制作和应用起到了重要推动作用。

笔 笔的历史源远流长，这里的笔一般指毛笔，最早可追溯至新石器时代。当时，它被用作在彩陶上勾勒花纹的工具。根据从殷墟出土的墨书骨片以及部分甲骨文来看，夏商时期已有原始形态的笔出现。春秋战国时期，笔已经十分普及。但由于地域文化的差异，笔的名称也各异，有"聿""不律""弗"等多种叫法。直至秦朝统一六国，实行"书同文，车同轨"的政策，笔的名称才得到统一，正式定名为"笔"。

自此，笔作为书写工具，逐渐在中华文化中占据重要地位，成为文人墨客创作与表达情感不可或缺的伙伴。笔尖的原料一般使用质优的毛发作为笔尖，如羊毛、兔毛等。后人改进了笔的造型和制作工艺，使笔尖更加柔韧和均匀，并改进了笔杆的制作和笔尖的刻制。

砚 砚是由原始社会的研磨器演变而来的，也被称为研，主要用于研磨墨块。随着制墨技艺的发展，砚的形制也逐渐发生变化，从"器用"走向文化收藏。唐宋时期，社会经济繁荣，推动了书画艺术的发展，四大名砚应运而生，砚台的造型与质地也日趋多样化。中国四大名砚是指洮河砚、端砚、歙砚、澄泥砚。砚台的形制主要有仿生形砚、几何形砚、什物形砚、随意形砚、足支形砚和暖砚。仿生形砚的轮廓为动植物的形状，如兔形、牛形、花卉形；几何形砚的轮廓为几何图形，如圆形、正方形、长方形；什物形砚的轮廓为器物的形状，如宝瓶形、琵琶形、箩筐形；随意形砚又被称为"天然形砚",其形状主要根据砚石原型构思,达到天工人工两臻其美;足支形砚为有足的砚台,砚足数量不一样,分为一足、两足甚至多足;暖砚的由来是因为冬天墨汁容易冻结,所以古人将墨堂底部凿开,灌热水于内,或者在金属底座里放置热炭。

舟车佳兵　交通国防

《天工开物·舟车》中，人们居住于各地，各地的物产大有不同，因为贸易往来构成了整个世界。如果没有相互的贸易往来和沟通交流，就不足以构成整个人类社会。舟车作为古时人们主要的交通工具，为方便出行和交流起到重要的作用。

书中记载了作为当时主要交通工具的水运船舶和车辆的结构、制造、使用情况。这些船只和车辆既满足了人们的出行需要，又满足了当时的物流需

要。在古代，船的名称有几百甚至几千种。这充分说明，从古至今，我国的造船技术是先进且发达的。

舟和车 书中把船的种类主要分为漕船、海舟以及杂舟。漕船的兴起是因为当时的京都是军队与百姓的聚集地，全国各地都需要用水运来储备粮食。最初的漕船的尺寸规格为每艘载米量接近两千石，后来漕运

古代漕运示意图

军将漕船的身长增加二丈、船头与船尾各加宽了二尺多，便可载三千石。海舟是在海洋中运米的船，需要舵手们相互配合操纵。杂舟则分为江汉课船、三吴浪船、东浙西安船、福建清流、梢篷船、四川八橹等船、黄河满篷梢、广东黑楼船和盐船、黄河秦船等。

江汉课船

宋应星在《天工开物·舟车》中提到南北方的独轮车的驾驶方式不同。北方的独轮车是驴子在前面拉，人在后面推。南方的独轮车，只能看推车人的力气有多大。独轮车的中心轮是通过杠杆原理与车轴相连的，使用者操纵杠杆来改变车轮的角度和

方向。这种设计能够使使用者在行进中保持平衡,并且能够实现灵活地转弯。

弧矢与火器 宋应星认为用兵是圣人不得已才做的事情,对枪炮技术的探索却不能停止。通过《天工开物·佳兵》,我们可以了解到明代发达的兵器制造业。

弧矢作为一种高效的战斗武器,在古代的国防事业中发挥了极为重要的作用。《天工开物》中详细地讲述了弧矢的制作方法和使用技巧。他描述了弓弩的不同部分和组装方式，还介绍了使用不同种类弓弦和箭矢的效果差异。通过弓弩，士兵们能够远距离攻击敌人，提高战斗的效果和生存的概率。弧矢的射程、射速和穿透力大大超过了传统的弓箭，使其成为战场上的重要武器。宋应星对弧矢的研究和记录，促进了弓弩的改进和进一步应用。

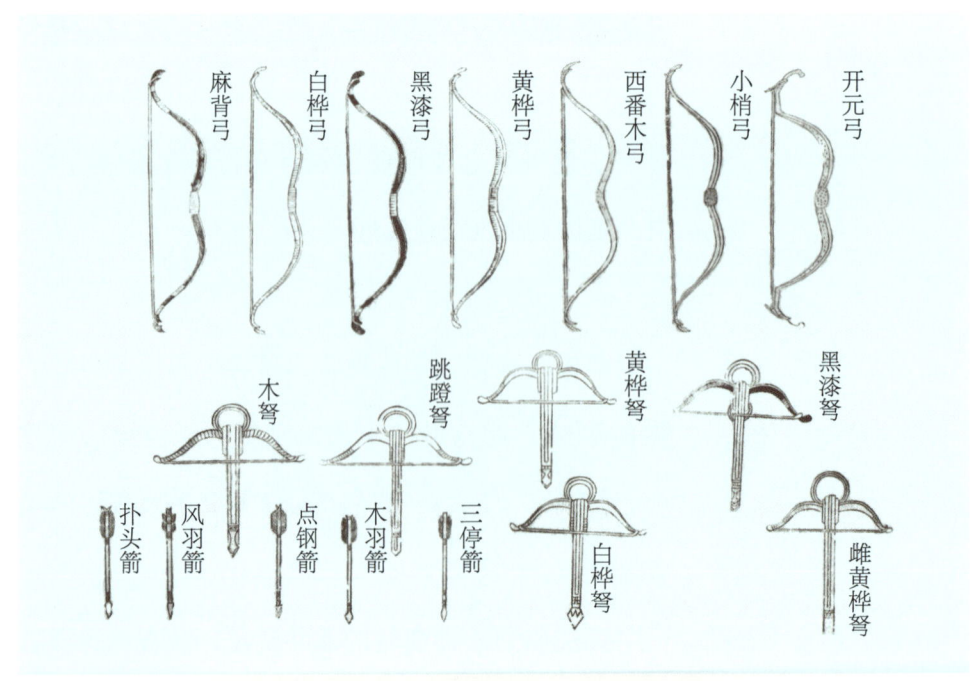

弓弩家族

火药和火器是中国人最早发明、制造和使用的，后由阿拉伯人传入欧洲，直到14世纪40年代，才在英国、德国等西欧各国普及。火药，又称火粉，是一种由硫黄、木炭和硝石混合而成的爆炸性物质。宋应星在《天工开物》中详细阐述了火药的制作方法，包括选择原料、研磨混合、干燥等步骤，还介绍了火药的储存和使用方法。宋应星在《天工开物·佳兵·火器》中提到了西洋炮和红夷炮。嘉靖三十二年（1553），葡萄牙殖民者攫取了澳门的居住权，西班牙、荷兰和英国多次来争夺澳门，武器在市场上的需求量增多，澳门铸炮业务变得兴旺。嘉靖三十六年（1557），葡萄牙铸炮专家伯多禄·波加罗（Pedro Tavorres Bocarro，生卒年不详）在澳门兴建炮厂。万历四十七年（1619），对西洋兵器十分推崇的徐光启向明神宗建议购买佛郎机大炮，并雇佣葡萄牙炮手做教练，用来防守都城。天启五年（1625）至弘光元年（1645），伯多禄·波加罗的炮厂生产了威力强大的炮弹，如链弹。由于铸炮技术精湛，该炮厂生产规模变得越来越庞大。弘光元年

佛郎机大炮

（1645）南明朝廷派天主教徒、太监庞天寿前往澳门购买佛郎机大炮。波加罗炮厂生意兴隆，供不应求，一时没有现货。永历三年（1649），抗清大臣瞿式耜在桂林抗清作战中，使用了这批大炮，并发挥了一定的作用。

《天工开物·佳兵》中记载了一种被誉为"万人

"万人敌"爆炸示意图

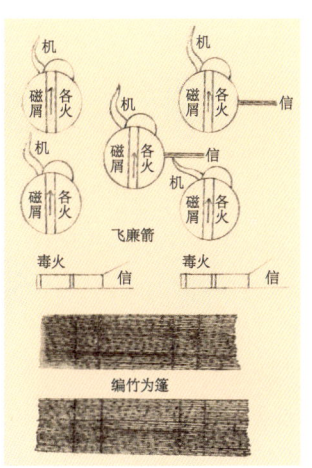

地雷示意图

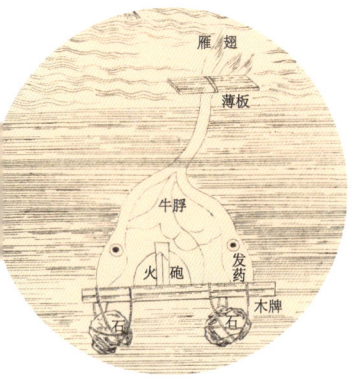

"混江龙"示意图

敌"的火器,这是一种滚地旋转式的炸弹,其灵活性与环境适应性均达到了极致。更为神奇的是,这种炸弹还可以添加毒火、神火等特殊成分,使其威力倍增。使用时,只需点燃引信,轻轻投掷出去,火药便会瞬间爆发,弹体随之在八方旋转,给敌人带来难以想象的大量伤亡。到了明末,为了更有效地杀敌,人们又发明了地雷。这种地雷采用竹管穿通引线的方式,一旦引爆,便能冲开泥土,对敌人造成爆炸杀伤。而类似的原理被巧妙地应用到水中,便产生了水雷,当时人们称之为"混江龙"。这种水雷将火药装在皮囊中,用漆密封后沉入水底。岸上通过牵绳与雷体相连,敌船一旦触碰到机关,便会触发水雷的爆炸,从而给敌人带来毁灭性的打击。

在实际使用中,这些火器确实发挥了重要的作用。明军三大营中的"神机营",就是以火器部队为主,是明军的一大主力。"混江龙""大将军炮"等火器在万历抗日援朝战争中大放异彩,成为平壤之战、露梁海战中重要的制胜法宝。宁远战役中,袁崇焕以寡敌众,最终成功守住宁远城,红夷炮就是主要功臣。明末战

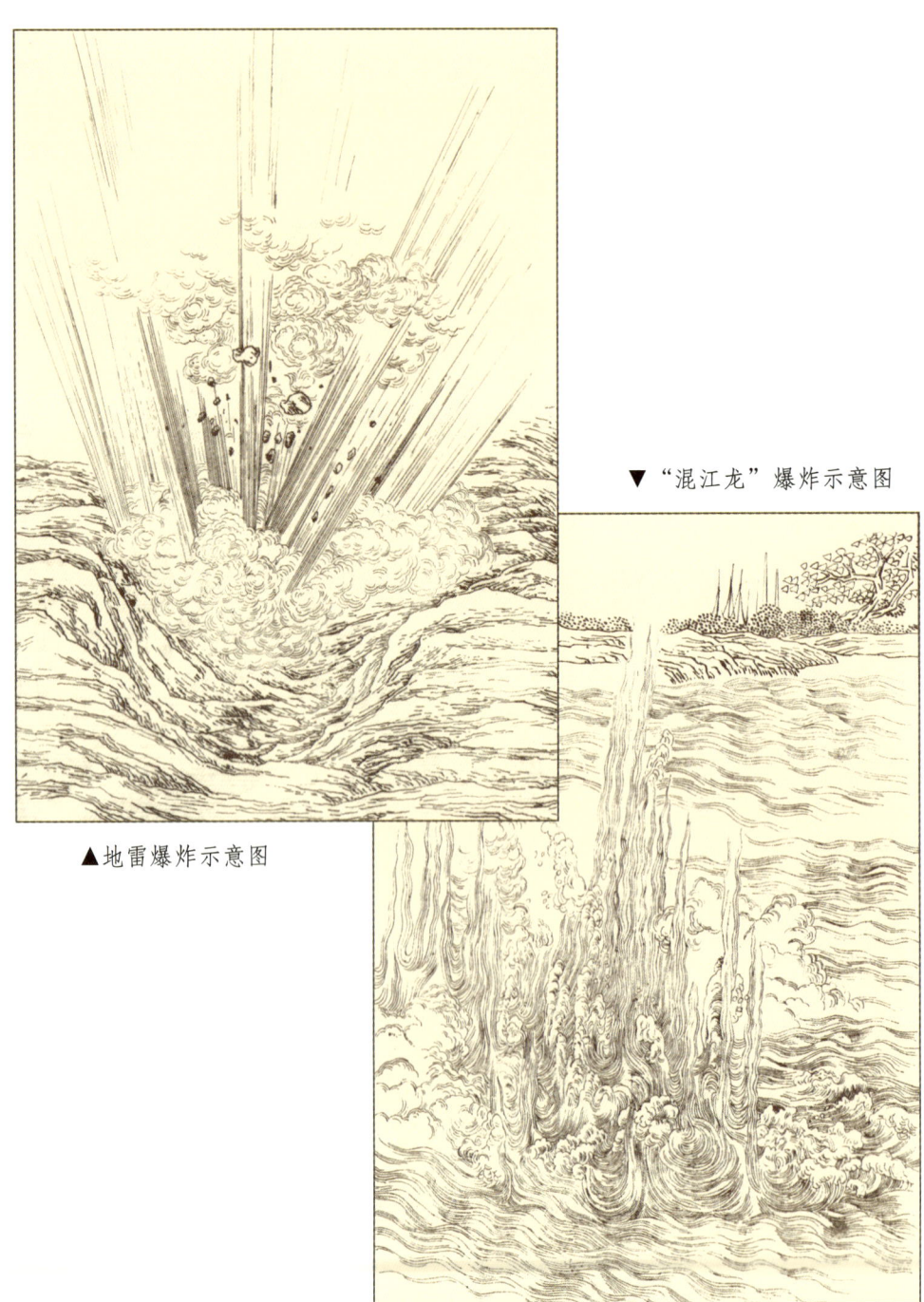

▲地雷爆炸示意图

▼"混江龙"爆炸示意图

斗力最强的"关宁铁骑",就是以"三眼铳"作为主要的兵器。可见明末的军事工业已经相当发达。

在五金领域,宋应星精细研究金属的冶炼与加工,为手工业的进步奠定了坚实基础。同时,他对纸墨制造的独特见解,使得古代书写与绘画艺术得以更好地传承与发展。在船舶制造方面,宋应星亦有所建树,他的研究为古代航海事业的繁荣做出了重要贡献。此外,他在国防科技方面的成就更是令人瞩目,为国家的安全与稳定提供了有力的保障。

八 经世流传 泽被世界

《天工开物》这部明代科技巨著，自问世以来便以其深邃的科学思想和实用的技术内容吸引了国内外众多学者的目光。在日本，这部著作的传播尤为广泛，成为当时日本工匠和技术人员的重要参考书，对日本江户时代的工业技术发展产生了深远影响。在朝鲜，《天工开物》同样备受推崇，其独特的科技视角和丰富的实践经验，为朝鲜的农业、手工业发展提供了宝贵的指导。而在欧美，《天工开物》的传播更是开启了中国古代科技智慧与西方对话的新篇章，其独特的科技视角和深刻的思想内涵，引起了西方学者的极大兴趣，为中西文化交流搭建了一座重要的桥梁。

东渡扶桑　开物显学

《天工开物》系统地介绍了当时中国的科技成就，书名"天工开物"的意思是将自然力与人力互补，通过技术手段开发和创造万物。"天工开物"的出处有两个地方："天工"出自"天工人其代之"，所谓"天工人其代之"，指天的职责由人代替，它出自《尚书·皋陶谟》；"开物"出自"开物成务"，所谓"开物成务"，指通晓万物之理，得以办好各种事情，它出自《周易·系辞上》。因此，"天工开物"意味着将技术、工艺、艺术和哲学融为一体，旨在提高生活水平、传承智慧和推动社会进步。

《天工开物》在17到18世纪传播到了中国的邻国——日本。书中的哲学思想、实证方法、技术手段等受到日本官方以及学者们的追捧。日本实学派学者佐藤信渊以《天工开物》思想为基础提出了富国裕民"开物之学"。《天工开物》这部著作在日本的传播路径丰富多样，最初搭载着中国的商船，漂洋过海传至日本。随后，在元禄十四年、康熙四十年（1701），它再次通过商船进入日本，得以在更广泛的范围内流传。到了正德二年、康熙五十一年（1712），它更是通过四番船这一特殊的传播方式进一步深入日本的文化领域，不断推动着中日文化的交流与融合。日本关西大学大庭修教授（1927—2002）在《江户时代唐船持渡书研究》中说，《商船载来书目》记载了正德三年、康熙五十二年（1713），来自宁波的天字号唐船，把《天工开物》运到日本长崎。《商船载来书目》现藏于东京国立国会图书馆。

《天工开物》东渡日本后，在日本当地的传播以抄本、菅本、枝本、薮本为主。由于《天工开物》的传播主要依赖于中国商船的运输，商船的载货量有限，使得书籍的运输数量受到制约，难以在短时间内实现大规模的传播。同时，海上航行的时间较长，也影响了书籍的及时送达，进一步限制了《天工开物》在更广泛的范围内的传播。这些因素共同作用，导致《天工开物》的传播受到了一定的限制。日本当地以抄本为主并在藏书家、官方、学者之间流通。抄本作为古代文献传播的一种重要形式，在保护古籍、推动图书传播等方面发挥了重要作用。日本著名书商——柏原屋佐兵卫的出版社菅生堂始刊《天工开物》，这一版本被称为"菅生堂本"，也有简称"菅本"。菅本自问世以来，主要流通于东京、大阪等地，使《天工开物》得以大面积流传，赢得了众多读者。《天工开物》这本书的枝本是由日本的三枝博音博士所作，因此通常被简称为"三枝本"或"枝本"。"枝本"的发行人是佐藤八平，出版单位是东京十一组出版部，印刷单位是博英社。此版本是《天工开物》20世纪在海外传播的第一版，该书分前后两部分，前一部分是《天工开物》的原文，后一部分是对《天工开物》的研究。

1969年，京都大学人文科学研究所的薮内清教授（1906—2000）出版了《天工开物》的日语版。这一版本的推出具有划时代的意义，它不仅是二战后日本首次刊刻出版的全新版本，更是《天工开物》在世界范围内首次以外文形式呈现并附带详尽注释的版本。此译本对于推动中日文化交流与学术研究的深入发展具有重要意义，为国际学术界提供了宝贵的研究资料。《天工开物》这本书的引入为日本的学者和政府官员带来了大量的科技知识，并为日本提供了学习和参考的机会。日本学者撰文时常援引《天工开物》一书。另外，此书东渡日本后，在18世纪受到日本思想界的普遍重视，并引起哲学界、经济界"开物之学"热。

炼糖技术　桂川国训三甫所写的《砂糖记》详细描述了如何榨取甘蔗汁与炼制白糖的技术，并在该书附录中介绍了《天工开物》中的制糖方法、轧浆示意图，以飨读者。他高明地把我国科技与日本具体实际结合起来，成功地在日本本土文化中阐释与传播了中国科学技术知识。这一译本不仅为日本读者提供了一个了解中国古代科技文明的窗口，同时也促进了中日两国之间的文化交流。

榨取甘蔗汁

冶铜技术　《鼓铜图录》参考了《天工开物·五金》中的内容，《鼓铜图录》书中介绍的"三火铜"，实则为《天工开物·五金》中记载的"沉铅结银"法。日本在冶铜过程中采用了多种方法，包括传统的火法冶炼和湿法冶炼等。在冶炼前，日本工匠会对铜矿石进行处理，包括破碎、磨碎、筛分等步骤，以获取适合冶炼的铜精矿。

炼金技术　《山相秘录》原作者为佐藤元伯（1674—1732），由佐藤信渊于道光七年（1827），进行了增补订正，为后世提供了关于炼金技术的宝贵资料。《山相秘录·金山第一》称熟金初炼时色浅，经再炼而颜色逐渐变深，这部分检验黄金成色的内容引自《天工开物·五金》中提到的内容：黄金的另一种性质就是柔软，能像柳枝那样曲折。为了准确鉴别金的成色，我们可以采用试金石的方法。试金石在江西省信江流域的河中颇为常见，其大小各异，大者如斗，小者似拳。将试金石置于鹅汤中熬煮，其表面会变得光滑且呈现深黑色。随后，在试

金石上划出金条的痕迹,通过比色法,我们便能够精确地分辨出金的成色。

《天工开物》对日本近代科学产生了极其重要的影响,书中的科学技术用语涉及了手工业、农业等领域。这本书传入日本后,日本学者和官员会通过直接或间接的引用方式,将科技术语整合到本国的官方词汇体系中,从而不断扩充和丰富日本的词汇库。除此之外,该书帮助日本引入了科学的研究方法——实证研究方法。实证科学的核心在于借助观察、实验等手段来深入探索科学的内在规律。与明末时期的其他科技著作相比,《天工开物》的鲜明特色在于其坚定的实证主义立场,即注重实地调查与量化研究。这一特点不仅彰显了宋应星独特的科学态度,更将传统科学引向了近代化。

传入朝鲜　学界推崇

古时候的朝鲜借助中国的火药和火器知识，按照他们本国独特的方式制造了独特的武器。在李朝，火药的应用不仅局限于军事领域，还延伸到了节庆日、重要仪式以及宫廷娱乐等场合。据南宋时期的高丽史记载，当时有人提出了制造砲机的建议，将高大的砲机放置在山上，投射重达数百斤的飞石和火药，其威力足以摧毁城楼。基于这些历史记载，有学者推断南宋时期的火药制造技术已经传播至朝鲜半岛，并对当地的军事技术和庆典活动产生了深远影响。这一推断不仅揭示了火药技术在当时的广泛传播，也体现了中朝两国在科技与文化交流方面的密切联系。

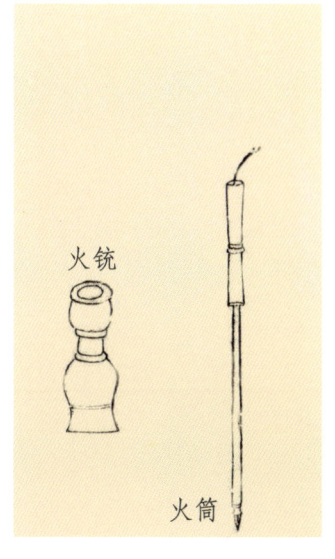

火器与水车在朝鲜的传播。在14世纪的中晚期，高丽王朝在朝鲜已经开始了火器的使用。崔茂宣（1326—1395），当时担任高丽军器监（即兵曹下属的兵器管理部门）的判事，为了能够自行制作火器，便大力推广了制造火器的方法。由于高丽在北元和明朝之间反复摇摆横跳，明朝除少数时间之外，坚持对高丽实行武器禁运政策，火器技术自然是不会输出的。不过，两国贸易依旧往来频繁。后来，崔茂宣遇到了中国商人李元，崔茂宣主动与李元结交。《高丽史》（卷一百三十三）记载："窃其术，令家僮数人习而试之，遂建白置之修。"得到火器技术后，崔茂宣向国王建议设立了火桶都监。

◀鸟铳

《天工开物》在18世纪传入朝鲜后，引起朝鲜学者的广泛关注。李朝（1392—1910）实学学派的思想家朴趾源（1737—1805）随使者来华的时候见到此书，返回朝鲜后，他在《热河日记》中对《天工开物》和《农政全书》等中国书籍中描述的水车给予了高度评价。水车作为古代劳动人民发明的灌溉工具，体现了中华民族的创造力，为中国的农业文明与水利文明提供了强有力的支撑，他希望朝鲜能

▶水车

够学会水车的制造。朝鲜半岛拥有众多河流山脉，水资源非常丰富，因此水车技术一直在朝鲜得到广泛应用。《热河日记·车制》中也有对灌溉农田、战车等工具、器具的描写。《热河日记》是朝鲜最早记录《天工开物》的著作。

从实业思潮到科技传承 在朴趾源之后的很多朝鲜学者逐渐意识到了《天工开物》中所蕴含的深

冶炼生铁和熟铁示意图

厚的哲学思想以及科学技术知识，并在18世纪的朝鲜掀起一股实业思潮，比如《天工开物》以及《农政全书》这类的科学技术书籍对当时的朝鲜实业思潮具有指导作用。此后不久，中文原著《天工开物》便陆续传入了朝鲜半岛。19世纪，朝鲜出现了一位学识渊博的学者李圭景（1788—1862），在其著作《五洲衍文长笺散稿》和《五洲书种博物考辨》中，多次引述了《天工开物》的内容。特别值得一提的是，李圭景对《天工开物》中关于金属及铜合金冶炼方面的技术给予了高度关注，并在其著作中进行了深入的探讨和阐释。李朝后期，另一位实学派学者徐有榘（1764—1848）在《林园经济十六志》书中，引用了《天工开物》等大量的中国科技书籍。徐有榘的《十六志》是一部关于自然经济和博物学的巨著，全书共有116卷52册，因为篇幅过大，《十六志》直到1972年才得以出版。由于李朝时期的学者多精通中文，甚至以中文进行著述，这使得《天工开物》在该时期并未出现译本。直至1997年，崔炷完成了《天工开物》的韩语译注本，终于由传统文化社正式出版发行。这部译著的出版，不仅为学术界提供了一份详尽而准确的《天工开物》译注版本，更在书中附上了中文原文，使得读者能够直接对照原文与译文，深入领略这部经典著作的精髓。

可见18世纪至19世纪期间，《天工开物》通过介绍和总结各个领域的科学知识和技术，为朝鲜的农业、医药、冶金等领域的发展提供了有益的经验和指导。《天工开物》收录了当时最先进的农业和手工业技术。这些先进的技术是工匠们的安身立命之本。在被清朝政府封禁的两百多年里，《天工开物》被周边东亚国家视为珍宝。

轰动欧美　影响深远

明朝发达的科技与《天工开物》有着密不可分的关系。虽然，当时的宋应星在写作时没有想过把此书传播于海外，但是它后来经过"出海"传播到欧美各国，获得了巨大的世界影响力。科学无国界，一部优秀著作的问世，必将引来各国专家、学者的关注，从而使得该著作走出国门，走向世界。

推动欧洲农业、手工业革命的东方智慧　《天工开物》在18世纪流传到欧洲，引起了轰动，并直接推动了欧洲的农业、手工业革命，法国学者儒莲把天工开物誉为"17世纪最权威的百科工业生产全书"。

《天工开物》传入欧洲时，当时的欧洲已经开始了第一次科技革命，科学家在数理科学、自然科学等领域不断取得重要进展，进而带动了工业的飞速发展。但放眼望去，当时欧洲各国的农业和手工业生产部门，仍以传统生产方式为主。比如，18世纪的欧洲，农业播种方式仍以人工播种为主，这就导致庄稼的出苗率很低；而同时代的中国，已经开始使用播种机。此外，中国的犁也比欧洲的犁效率更高。出现这种情况是由于将自然与科学成果应用于实际生产需要很长一段时间的磨合。

工业的发展加速了欧洲城市化进程，导致欧洲多国的城市人口激增。城市人口的增长速度过快，粮食不能及时供应阻碍了工业的发展。《天工开物》书中的有关手工业、工业以及农业的技术和插图，为世界各国的学者提供了简明、准确的"东方智慧"，推动了欧洲的农业、手工业革命。

正式发挥作用 受到语言文字翻译的影响，《天工开物》在18世纪的欧洲传播速度较慢，直到19世纪才正式发挥作用。在19世纪上半叶，中国的科学技术逐渐引起了西方学术界的关注。在这一时期，《天工开物》这部杰出的科技著作首先被法兰西学院的著名汉学家儒莲（Stanislas Julien，1797—1873）注意到。儒莲的研究领域广泛，他致力于向西方世界介绍中国的农业、蚕桑以及陶瓷等方面的知识。儒莲师从于法国植物学家、医生兼汉学家雷慕沙（Jean‐Pierre Abel‐Rémusat，1788—1832），雷慕沙懂得汉语、蒙古语和满语，并以研究《本草纲目》驰名，而其学生儒莲以翻译《天工开物》驰名。由于，《天工开物》最先在欧洲传播的国家为法国，《天工开物》的翻译几乎全由儒莲一手操办。

1830年，儒莲把《天工开物·丹青》中的"银朱"部分译成法文，译文名为《论中国的银朱》，并发表在《新亚洲报》第5卷中。自此，他不断向西方介绍中国古代先民在农业和手工业方面的智慧。这是将该书译为欧洲语言文字的开始。

1832年，儒莲把法文译文《论中国的银朱》又转译为英文，并发表在期刊——《孟加拉亚洲文会报》卷1上。

1833年，儒莲又把《天工开物·丹青》中的墨的制作技术及其有关部分译成法文，译文名字为《中国制墨的方法》，并发表在法国权威化学刊物——《化学年鉴》卷53。同年11月，该刊物刊登

古人升炼银朱示意图

了儒莲的《铜合金·白铜·锣钲》一文,该文译自《天工开物·五金》和《天工开物·锤锻》。

1834年,《铜合金·白铜·锣钲》一文又由法文转译为英文,刊登于《孟加拉亚洲学会会志》卷3。

1837年,儒莲把清朝人鄂尔泰撰写的《授时通考·蚕桑》译成法文，译名的标题为《论植桑养蚕的主要中国著作提要》。该书的第169—187页的附录摘录翻译了《天工开物·乃服》中的养蚕技术，介绍了桑树压条栽培法、嫁接法以及早蚕（一化性蚕）与晚蚕（二化性蚕）杂交、蚕种消毒、结蚕时间等技术。这些技术传入欧美后，农学家对其方法进行实践，推动了养蚕业的发展。

中国智慧提供解决思路　英国著名生物学家达尔文（Charles Robert Darwin，1809—1882），在其学术生涯中广泛涉猎并深入研究了各类科学文献。在接触并阅读了儒莲翻译的《天工开物》中论及桑蚕部分的译本后，达尔文对这部作品给予了极高的评价，称之为"权威著作"。在达尔文的经典著作《动物和植物在家养下的变异》中，他特别引用了《天工开物》中的养蚕部分作为例证，用以论证人工选择和人工变异的重要科学观点。这一引用不仅展现了《天工开物》在生物学领域的卓越贡献，也进一步印证了其在世界科学史上的重要地位。

在19世纪，欧美各国为了生产蚕丝，积极推动养蚕产业的发展，但在19世纪的前半段，这些国家的养蚕业遭遇了众多蚕病无法治疗的问题。因此，他们开始研究蚕患病后的治疗方法，其中最主要的是通过服用中药来进行医治。儒莲所译的《论植桑养蚕的主要中国著作提要》出版后，迅速引起了各国学者的注意，该书先后出版了意大利语版和德语版，其德语版甚至在1844年又出版了第二版。

1838年，儒莲在巴黎最高科学刊物《科学院院报》刊登了《中国提制蓼蓝染料的通用方法》一文，部分内容取材于《天工开物·彰施》。

在《天工开物》传入欧洲之前，欧洲各国的造纸仍采用破布原料，18世纪欧洲工业革命导致耗纸量激增，造纸原料出现供不应求的危机。1840年，儒莲在《科学院院报》发表了《中国人造纸方法概述》，此文的译文取自《天工开物·杀青》中造竹纸的部分，中国智慧以及宋应星思想再次为欧美提供了解决问题的思路。造竹纸的方法被欧美所采用，但是由于当时竹的原材料并不多，竹纸没能普及。

欧美在《天工开物》中获得启示后开始研制麻料从而生产出麻纸。

造竹纸的步骤之一：煮沥

1847年，《铜合金·白铜·锣钲》一文的英译本又被译成德文刊于德国《应用化学杂志》卷41。同年，法文译文还被法国《科学院院报》转载。

19世纪30年代，虽然当时欧洲的科学家对于铜合金的特殊使用性以及用途十分感兴趣，但是他们并没有掌握炼黄铜的技术。在《天工开物》一书中，宋应星详细描述了通过调整铜锌的不同配比，可以制作出功能各异、用途多样的黄铜制品。值得注意的是，即便没有单质锌，他仍指导读者利用炉甘石与红铜以6∶4的比例或其他配方来炼制黄铜。这些技术经由儒莲传递给了欧洲科技界，展现了古代中国在冶炼技术上的卓越成就。

进入21世纪后，《天工开物》这部古典科技著作仍持续吸引着国内外学者的目光，并引发深入的研究。2011年，这部著作更是以古文原文、现代汉语与英文对照的形式，被郑重收入《大中华文库》。这一举措无疑是对其深厚学术价值和文化意义的极高认可，不仅彰显了其在学术研究中的重要地位，也进一步推动了中华文化的国际传播与交流。这一成就不仅属于著作本身，更属于所有为中华文化传承与发扬做出贡献的学者和研究者。此外，2011年，汉学家薛凤（Dagmar Schäfer）的著作——《工开万物·17世纪中国的知识与技术》，由美国芝加哥大学出版社出版，这进一步推动《天工开物》及其所代表的中国古代科技文化在国际上的传播与影响。

《天工开物》作为一部具有世界影响力的科学巨著，其在海外的传播不仅推动了欧洲农业、工业等领域的变革，更彰显了中国古代科技的卓越成就。儒莲等汉学家的翻译工作，使这部著作的智慧得以跨越国界，为西方的科技发展注入新的活力。同时，《天工开物》在海外的传播也进一步提升了中国文化的国际影响力。它向世界展示了中国古代科技的辉煌成就，让更多人了解并认识到中国文化的博大精深。在可预见的将来，《天工开物》会持续"出海"传播，用中国智慧推动世界科技的发展，以中华文化推动人类命运共同体的建设。

尾声

崇祯十六年（1643），宋应星奉命担任南直隶凤阳府亳州知州，这是他一生中最高的官衔。崇祯十七年（1644）三月十九日，李自成攻占北京，推翻了明朝政权。四月，清军入关，建都北京，明朝名存实亡。宋应星此时看到明朝大势已去，无意恋官，欲挂冠而去，隐居乡间，就写信告知好友陈弘绪自己的想法。陈弘绪得信后，请姜曰广向淮扬巡抚路振飞周旋，免除了宋应星亳州知州职务。从此，宋应星弃官南归，一直在江西省南昌府奉新县老家隐居到病逝。

宋应星弃官后不久，清军南下。弘光元年、顺治二年（1645）四月清军攻占扬州，屠杀了80万人。五月，清军攻占南京，接替姜曰广任礼部尚书的钱谦益出城投降。清军在中原的残暴和破坏，导致各地汉族人民纷纷起来反抗。在家隐居的宋应星也参加了抗清运动。他在崇祯十七年四月清军入关之时，就按捺不住自己痛恨残暴的清军和投清变节分子的激动心情，写成了《春秋戎狄解》一书，借古讽今，伸张民族大义，在南方制造反清的舆论。

据《宋氏宗谱》记载，大约在弘光元年、顺治二年（1645），58岁的宋应星还撰写了《美利笺》一书，今已散佚。此书估计是属于传奇之类的文学作品。时逢国变，江西遭兵灾之苦，而他又无力挽狂澜的军政才干，内心郁闷，于是塑造了一位具有奇特经历的英雄人物以抒其愤。《美利笺》中的主人公绝非才子佳人，而应是英雄人物，也揭露、批判了社会中一些丑恶现象。该书显示了宋应星的文学才华，它估计已经和《天工开物》《卮言十种》等书一样被刊行，而且在康熙初年还可以看到，以后才逐步散佚。

弘光元年、顺治二年，广州知府宋应升（1578—1646）已经67岁了，他患病初愈后，被同事送回奉新老家。他和弟弟宋应星既喜也悲，喜的是兄弟久别重逢，悲的是国事艰难。他们虽然隐居在奉新乡村，但密切注意时局变化，讨论反清复明的对策，寄希望于南明政权的复兴。但不论是南京的弘光政权，还是福建的隆武政权，均让他们失望了。这两个南明政权灭亡之后，隆武二年、顺治三年（1646）冬，南昌城沦陷后，68岁的宋应升在家服毒殉节。他之所以没让弟弟和自己一起走这条路，那是因为他认为自己年近古稀，死活无所谓，但弟弟还年轻，还有亲人需要他的保护、照顾。

宋应升和宋应星是同胞兄弟，两人虽然相差九岁，但从小一起长大、求学、科考。因为是庶出，宋应星有时候会遭到同父异母的二哥宋应鼎（宋国霖和嫡妻甘氏所生）的欺负，宋应升对其多方维护。大哥宋应升的离去，给宋应星的心灵带来很大的创伤。同时，南明政权的迅速崩溃，也让他深感失望和悲愤。

宋应星安葬了和他多年相伴的胞兄之后，便在奉新县雅溪或西边的会埠过着隐居生活。他在国难、家难当头之际，迎来了自己六十岁生日，忧闷的心情夺走了他生日的愉快。

此后，宋应星在自己的小天地里继续过着隐士的生活。他整天粗茶淡饭，有时还会从事房前屋后的一些农业劳动，如种菜等，或者与村内的老者下围棋——他是一位围棋高手。总之，他找到了一些方式让自己得以安度晚年，平静地了此一生。

明亡之后,宋应星的几位好友——陈弘绪、姜曰广和涂绍煃等人均先后辞官归乡。

顺治二年(1645)六月,清军攻入江西,涂绍煃带领全家人乘船逃难,船行至洞庭湖时,因为突起的大风翻覆,全家遇难。宋应星从此失去了最好的朋友。顺治五年(1648),他的另一位朋友姜曰广也在南昌自杀殉节了。他只能和陈弘绪常来往。

清初,隐居在奉新县乡下的宋应星,和好友陈弘绪一样,屡拒清政府的征召,在家读书、写书、种田,或和儿孙们在一起。顺治年间(1644—1661)多次开科取士,他教育子孙不要应清政府的科举考试,因为他始终坚持反清的政治立场。顺治十二年(1655),68岁的宋应星应朋友陈弘绪的请求,撰写了《宋应升传》。当时,陈弘绪负责编纂《南昌郡乘》,该书于康熙二年(1663)出版了。康熙元年(1662)出版的《奉新县志》也收录了宋应星撰写的《宋应升传》。

宋应星有两个女儿、两个儿子,长子宋士慧(宋静生)、次子宋士意(宋诚生)均出生于万历末年至崇祯年间。兄弟两人敏悟好学，长于诗文，英姿秀爽，每次外出，人们均称他们为"双玉"。童年时，两人相继进入奉新县学，而且宋士意考了第一名，成为廪膳生。兄弟两人经常相互催诗，纵谈天下大事，但乡试落榜后未再科举，以青衿而终。也许是天妒英才，宋士意早逝，也无后。实际上和宋应星在一起时间最长的，是他的长子宋士慧。宋士慧有三子：宋一仪（宋于陆）、宋一传（宋淑先）、宋一佐（宋左人）。

宋应星生前多次教导子孙，一不要参加科举考试，二不要入仕。这既体现了他反清的政治立场，还源于其前半生的经历和感受让他形成了反对科举的理念。受他的影响，宋应星的后代没有一个科举入仕者，其末代后裔多是普通的农民。

纵观宋应星的一生，和以前的科学家相比，宋应星的主要贡献表现在创造性地把几千年的工农业技术整合成一个综合科技体系，其所著的《天工开物》记载了33种农、工、虞、兵等部门的生产技术。

宋应星对明代及其之前的农业、手工业、矿冶业、兵器制造业等部门的生产技术进行了系统化的归纳、总结、梳理，整理成了一个综合化、宏观化的科技系统。这是他的伟大创新，只凭此点，宋应星就在我国古代科技史上享有卓著的声望。因为，在他之前，尚无任何学者做过这种工作。就是在他之后的清代，也没有出现在广度、深度、创新度方面超过《天工开物》的科技著作。换言之，在《天工开物》诞生之后的274年（1637—1911）中，没有任何科技著作可以和其相提并论。

宋应星对中国科技史所做出的另一个贡献，是他对以前技术书中很少触及的重要生产领域加以深入地研究，并详细记录了下来。比如，金属冶炼、铸造和锻造隶属于重工业部门，金属制品尤其钢铁产品是提高社会生产力的有力杠杆。金属工具又是农业和其他工业部门赖以进行生产的基本工具。然而，从战国至明代，中国浩瀚的典籍中竟没有一部书系统论述金属冶炼及其加工工艺。据现有史书记载，在这长达两千多年的时间内，亿万中国人中竟无一人潜心于金属工艺的系统研究，是宋应星破天荒地在其《天工开物》的"五金""冶铸""锤煅"三个章节中，首次系统而深入地论述了铁、铜、铅、锡、锌、银、金等金属及有关合金的冶炼、铸造和锻造技术，并附以珍贵的工艺图23幅，填补了中国技术史中的一大空白。再如，以技术叙述与插图解说造纸、采煤、制砖瓦、烧瓷、榨糖等工艺的，也是从宋应星开始的。

古人铸鼎示意图

总之，他在中国科技史中首开纪录的内容，都是一些十分重要的生产技术领域。在这方面，作为科技作家的他发挥了开路先锋的作用。不少工艺是由于他的著录，才成为从明末的方以智直到清末学者注意和研究的对象。对我们现代人而言，由于他的著录，才解开了中国传统工艺中的某些技术之谜。

宋应星的历史作用主要体现于其对后代的学术影响。其《天工开物》《野议》《论气》《画音归正》等10部著作问世后，引起了学术界、出版界的瞩目，迅速传播开来。安徽学者方以智读到《天工开物》，如获至宝，在崇祯末年撰写《物理小识》时，多次引用之。在其后的两百多年间，宋应星的《天工开物》始终被后代学者引用、参考，特别是在康乾盛世期间，出现了两次大规模引用、参考的热潮。后来乾隆皇帝大兴文字狱，实行文化专制，《天工开物》被打入冷宫，长期未能出版，流通范围萎缩。当然，作为一位独辟蹊径、继往开来的科学家，宋应星是不可能被文字狱所封杀的。在嘉庆皇帝结束

▼古人锤打铁锚示意图

▲古人造瓦示意图

191

了文字狱暴政之后，许多学者又在嘉庆、道光年间（1795—1850）向宋应星学习，直到20世纪初期。

从世界科技史范畴而言，宋应星是一位名闻天下的科学家、思想家，可以和欧洲文艺复兴时期的一流科学家相媲美。

在1750年之前，尚无任何一部西方著作能在思想上、规模上超越《天工开物》。例如，被近代欧美奉为西方科技经典的、阿格里科拉撰写的《论矿冶》，在广度、深度、创新度等方面就不如东方的科技经典著作——《天工开物》。《天工开物》虽然只有3卷，而狄德罗主编的《百科全书》有22卷之多，但前者和后者相比，毫不逊色。在文艺复兴的历史浪潮中，《百科全书》赞美近代科技文明，而《天工开物》则总结了明代及其以前的科技成就和荣光，守护了中国古代科技的灯火，也照亮了今人科技强国之路。